符号密语

[英] 大卫・丰塔纳 著　吴冬月 译

David Fontana

THE NEW SECRET LANGUAGE OF

500 SYMBOLS

500 个
符号背后的
人类文明

中国友谊出版公司

图书在版编目（C I P）数据

符号密语 / （英）大卫·丰塔纳著 ；吴冬月译．--
北京 ：中国友谊出版公司，2021.1（2025.2 重印）
书名原文：the new secret language of Symbols
ISBN 978-7-5057-5050-0

Ⅰ．①符… Ⅱ．①大… ②吴… Ⅲ．①符号学－通俗
读物 Ⅳ．①H0-49

中国版本图书馆CIP数据核字（2020）第219411号

著作权合同登记号 图字：01-2021-1442

书名 符号密语
作者 [英] 大卫·丰塔纳
译者 吴冬月
出版 中国友谊出版公司
发行 中国友谊出版公司
经销 新华书店
印刷 北京中科印刷有限公司
规格 710毫米×1000毫米 16开
16印张 220千字
版次 2021年4月第1版
印次 2025年2月第9次印刷
书号 ISBN 978-7-5057-5050-0
定价 88.00元
地址 北京市朝阳区西坝河南里17号楼
邮编 100028
电话 （010）64678009

目录

PART 1 第一部分

符号简介 7

符号化思维 8
标志、徽标和符号 10
通往神力之门 13
卡尔·荣格与原型 17
信仰的阐释 21
秘密符号 24

PART 2 第二部分

符号的世界 29

宇宙 31

天体 31
太阳 32
月亮 37
语境中的符号：占星术 40

自然 45

陆地与海洋 45
树木 46
语境中的符号：卡巴拉 54
果实 58
花卉与植物 65
语境中的符号：玫瑰十字主义 71
园林 75
元素 80
金石 83
语境中的符号：炼金术 89
哺乳动物 92
语境中的符号：犹太教 100
水族 102
飞禽 107
语境中的符号：王室与纹章 113
蛇与爬行动物 116
昆虫与节肢动物 122
传奇野兽 125
语境中的符号：道教 129

人类 133

生命与命运 133
最初的人类 134
身与心 137
语境中的符号：脉轮 142
性与生育 145

神 149

众神 149
神的信使 155
语境中的符号：佛教 158

图案、形状和品质 161

颜色 161
数字 165
语境中的符号：塔罗牌 170
迷宫 173
神圣几何 176
语境中的符号：伊斯兰教 182
十字形 184

日常生活中的符号 189

工具与器械 189
武器 193
语境中的符号：印度教 198
服饰 201
食物与饮料 204
职务的符号 209
乐器 215
建筑 218
语境中的符号：共济会 221

神话 225

创世 225
洪水 229
献祭 232
语境中的符号：基督教 235
死亡与来生 238
语境中的符号：古埃及 244
追求 247
赫拉克勒斯的功绩 250
时间尽头 253

符号简介

第一部分

符号化思维

想象中的世界

在中世纪和文艺复兴时期，力求理解宇宙的有识之士编制出复杂精巧的符号体系。这幅绘制于 1583 年的土耳其细密画作出自《历史之精华》一书，呈现出一幅以地球为中心的宇宙图景，黄道十二宫和二十八宿在其中有序排列。

我们人类与生俱来具有一种符号化思维的能力。这根源于我们用一些事物去代表另一些事物的意愿。我们看一幅图画，它代表一片风景或一张脸；我们阅读文字，文字有其含义。倘若我们失去这种能力，数学和语言都将无从问世。数字代表了数量，在哲学层面本是复杂深奥的概念（一如“红色”或“怯懦”，是抽象化的概念），但在日常生活中，我们却可以轻松自如且毫不含糊地使用它们。文字则更为复杂。它们以声音或符号的形式呈现在纸面或屏幕上，所代表的物体、事件、情感等，往往远离说话或写作的现场。譬如，一个简单的单词“房屋”可以立刻在人的心里唤起一系列概念，诸如建筑物、室内、家、安全，甚至抵押贷款和债务。换而言之，一个词哪怕拥有直截了当的基本含义，它的相关意义可能都是丰富多彩、错综复杂的。这就是象征符号的本质内涵。

这种创造符号的能力是人类独有的，而其他灵长类动物没能进化出类似的语言技能，正是因为缺少了这种能力。我们把语言视作理所当然的事情，然而只要我们对它稍作思考，就会意识到语言其实是多么了不得的一项成就。我们的思维能通过特定的文字召唤出丰富的含义，包括抽象概念、视觉图像、创意、记忆、希望、害怕、渴望、遗憾，不一而足。

理解的钥匙

符号的创造有其神秘甚至神奇的一面。一旦失去了它，我们的心灵将失去大片丰富的图景。普通的符号，诸如房屋、狗、头发、

说话的石头

构成玛雅历法的其中一块石碑。这些精雕细刻的符号是玛雅人的文字。书写的发展就是一种最繁难复杂的符号创造。

海洋、月亮，都蕴含相关的信息，这些信息是我们生活的价值源泉，它们具有语义和情感的双重厚度。拿月亮举例，我们不需要进行任何深度阅读或文化体验，就可以知道月亮绝不仅仅是在夜间、晨间、午后的天空中不断变化的黄色圆盘。我们可能会想到它与浪漫爱情之间的悠久关联（电影加强了这种关联，尽管这种关联远比电影出现得早）；我们还可能会想到另一种不同性质的浪漫——1969 年，美国登月的历险。无论是我们举头望月，读到月亮的篇章，还是仅仅遥想月亮或与他人闲话月亮，这些迥然各异的关联信息都会在有意无意间跃上心头。

符号之间也存在着巨大的差异。一部分符号会随着时光推移，在各种繁复的使用过程中被有意无意地加入新含义，使它们的内涵逐渐丰富；另一部分符号则经过人类有意的选择或设计。后者应该更恰当地称之为标志。它们服务于某种象征的目的，当然，这仅仅建立在我们决定如此使用的前提上。与此相对，一部分符号自身就拥有某种内在含义，比如一个圆，一条首尾重合、无始无终的线，它几乎立刻就能向我们传达一种完满、整体乃至永恒的理念。这种理念并非习自他人，它似乎就是圆自身的固有部分。我们的心灵凭借直觉，对圆做出了此种反应。我们的心灵与圆之间发生了天然而直接的意义交流——一种心智的亲近。关于圆可说的还有很多，但这个例子却使我们看到，从心灵的视角出发，真正的符号拥有普遍的内在力量，可以传达远超其自身的含义。

穿越时空

到目前为止，我们都在以一种西方的、现代的视角探讨符号的生成，并相信由此得出的结论具有一定的普适性，但我们的视野也因此受到文化的制约。信仰与社会习俗的差异、文化的不同（包括气候、地形、动植物等）都会将我们的心灵引向迥异的发展方向。信仰系统和文化影响的交叉现象，会使情况变得更加错综复杂。只有当我们将关注点拓展至其它的时代和文化时，符号象征才变得真正引人入胜。

标志、徽标和符号

真正的符号，它们的意义是在时间的长河中逐步演化而来的，而标志则是人们为了传达某种明确的含义而有意选中的图像标记。它们的区别在于，前者是自然的积累，而后者是蓄意之举。除此之外，还有另一个类别，叫作徽标，虽然它给人的视觉印象可能类似符号，它的使用方法却与标志更为类似。

$ 是一个几乎人尽皆知的标志，意指美元。以我们现代的眼光来看，这个图形有其随意的一面：在美元标志和美元之间似乎并不存在某种固有的联系；而即使我们不建立这样的联系，人们在谈论某个特定数目的金额时也能互相理解。事实上，现存诸多理论解释了美元标志产生的因由。1963 年之前，《牛津英语词典》记载它最有可能的起源是被斜线贯穿的数字 8——代表西班牙古银币，也有理论认为它源自希腊神祗赫尔墨斯的那根双蛇缠绕的节杖，而赫尔墨斯则是银行商人的守护神；有的说法更加平实，称它是字母 p 和 s 的叠合写法，表示墨西哥的货币单位比索。当然，对于一个囊中羞涩的学生而言，这一切都无关紧要，并不影响他向富有的姨妈写信借款。

红星

预示着马克思主义崭新黎明的晨星，融合了分别表示工人和农民的锤子和镰刀，构成了普遍使用的共产主义徽标。

大西部

英国大西部铁路采用伦敦（如左图所示）和布里斯托尔（如右图所示）的古老纹章作为公司的徽标，意指历史的绵延、活力与昌盛。

其他标志则更富表现力，比如，路边一只跳跃的小鹿的剪影会让司机师傅自动变得警觉起来。若把这个标志制作成一个三维的形象，其效果又会有所不同。表示同意时，你会握紧拳头竖起大拇指，但这个标志性动作的历史渊源却远没有你伸出手指示意别人去看彩虹那么清楚明白。

徽标和标志一样，都是人类为特定的目的有意发明的产物，但与多数标志不同的是它们具有鲜明的形象性。跳跃的小鹿可以着色，配以绿色的眼睛和长有斑纹的褐色皮毛，用作快递公司的徽标。小鹿当然也是一种符号，传达羞怯和速度的关联信息。商标和标识用作商业组织及其产品的视觉略图，通常都属于标志的范畴（用于身份识别），但也往往具有徽标的特点（以图像呈现自身的优势，譬如敏捷、迅速）。代表政党、学校、体育团队的旗帜、盾徽、像章、徽记虽然也许会在设计中融合真正的符号，抑或趋向另外一个极端——纯粹表达意义，带有标志的某种特征，但它们一般都被归类为徽标。这种语义重合的领域正是符号研究最丰富多彩之处。符号研究并不是一门科学的学科，却也绝非一团乱麻，我们应从其复杂性出发对它有一个正确的看待。

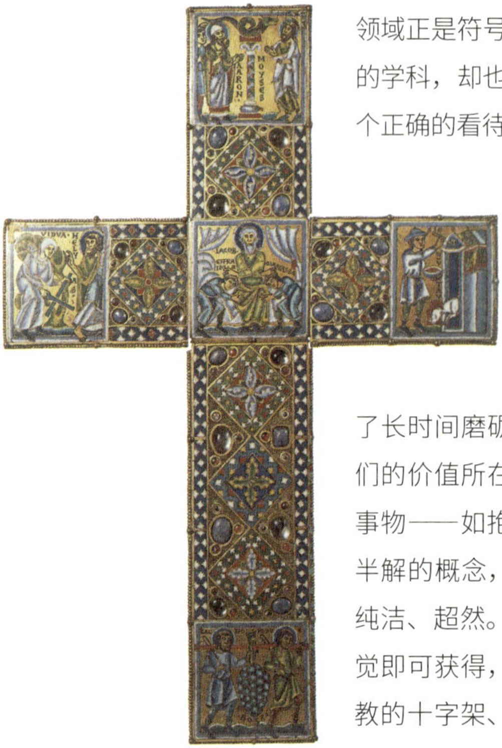

基督教十字架

这副镶嵌宝石的珐琅彩圣坛十字架描绘了《圣经·旧约》中的若干场景。基督为人类赎罪而受难的形象无疑是所有的宗教符号中最能直接触动人心的一个。此十字架制作于 1165 年前后的法国或弗拉芒地区。

真正的符号

与一般指代具体实体的徽标和标志相比，真正的符号往往代表更加不可捉摸的、无法轻易诉诸于文字的深奥概念。它们大多历经了长时间磨砺，在多种文化环境中延续至今，充分证实了它们的价值所在。它们就像另一种语言，暗示肉眼不可察觉的事物——如抱负、渴望、忧虑，以及那些模糊的、让人一知半解的概念，譬如神性、灵魂、信仰、不朽、纯真、庄严、纯洁、超然。它们的特征之一，就是它们的意义通常凭借直觉即可获得，并不需要过多解释。一些宗教符号，诸如基督教的十字架、伊斯兰教的新月标记、犹太教的七烛台、佛教的法轮、道教的太极、印度教的奥姆卡，它们和其他诸多真正的象征设计能够成为神圣的化身，不仅出于应用的缘故，还在于它们具有传递重要真理的内在力量。它们是至高意义汇集的宝库，足以改变生命的智慧精华。

内在的奥秘

许多真正的符号据说是潜意识自发生成的，这全赖深藏在我们心灵深处的某种深厚的直觉。这种符号往往会触发直接的情感反应，即使那些对它们并不熟悉的人也不例外，它们似乎牵引着一段怎么也无法想起的记忆。因此，它们有时被形容为联结不同世界的结点——一边是可见可触、受到限制的外在世界，一边是唯有通过冥想和梦境才能企及的无限的内在世界。从某种意义上来说，真正的符号创造了自身。标志和徽标都会随着效用的丧失迅速被人遗忘，真正的符号却会长存，指向精神中不朽的部分。只要拨开文化差异的层层外衣，我们便会收获揭示人类本质的重大发现。

通往神力之门

我们的思维是最伟大的奥秘之一，它是我们内心的永恒扩张、无边无涯的宇宙。我们的记忆和意识也许会使我们对思维的起点略知一二，但它关于它的终点的问题，却仍旧笼罩着层层疑云。在我们能够唤醒的一切思绪之外，还存在着构成我们生命的所有以往经历的巨大合集，远超意识能够企及的范围。心灵在更深的层次还潜藏着瑞士心理学家卡尔·古斯塔夫·荣格称为“集体无意识”的存在，它是我们的心理生活的领域，荣格认为我们对它的继承与我们的身体对生理特征的继承如出一辙。与我们自身存在更深层次上息息相关的，是灵魂或精神。我们的这一部分被世界上各大灵性传统称作我们的永恒本质，是超越转瞬即逝的感官世界的神圣而不可言说的自我。

非凡之力

位于印度南部城市马杜赖的米纳克希湿婆神庙的彩绘天花板。设计图样是一朵绽放千片花瓣的莲花。莲花是象征不凡悟性的符号，体现在神庙的两位神明Sundareswarar（“美丽之主”）和米纳克希身上，他们分别是湿婆神及其伴侣帕尔瓦蒂的化身。

通往意识之路

那些拥有持久而普遍吸引力的符号，根源于人类的集体无意识。因此，它们也就被赋予了作为门径回归这些更深层次的能力。这种符号频频出现于梦境之中，梦境是无意识为我们创造的夜间历险，在沉睡的心灵的神奇舞台上上演。它们也可以用作冥想时集中心神的客体。冥想有助于使意识归于平和，平复心灵惯性的嘈杂，使无意识的微妙语言浮出并越过意识的边界，使我们对自身迄今为止未曾发现的侧面获得认识。倘若我们冥想的符号对我们有种特别的吸引力，它便具有揭示更深层次意义的潜力，能够带领我们走近位于自我核心的灵性源泉。我们可以闭目打坐冥想，在脑海中想象符号；或者睁开双眼，平和地注视摆放在我们面前的符号。若要感应符号表达的深奥真理，再没有比把符号用作冥想时的镜子更好的方法了，这种方式能有效地提升我们的自我认知。

神话与符号

回顾世上最有名的神话传说，它们之所以能够吸引我们，首先是因为它们具有戏剧性和历史性。伊阿宋和阿尔戈英雄夺取金羊毛的功绩与北欧传说所描绘的伟大战争提供了一条无害且有趣的途径，既能让孩子们心驰神往，又能召唤出某个早已被遗忘的幻想世界。事实上，世界上许多波澜壮阔的神话和传奇故事，尤其是古埃及和古希腊的传说，都富含非凡的象征意义，能够折射人类心灵的深层领域，帮助我们探索个人无意识和集体无意识的领域。卡尔·荣格是这一思想的先驱，他将集体无意识描述成包含“原型”的存在。所谓原型，即心理和精神的固有能量，它能够使我们本能地向永恒的价值和根本的主题靠拢，前者包括爱、真理、英雄主义，等等，后者包括神祇、创造、自然、智慧、生死等。每一个原型都具有层层复杂的意义，而古代神话的象征手法则为理解这些原型提供了最便捷的途径。象征手法拥有多种表现形式，有时，它使用暗含寓意的物件（诸如指环、宝藏）、生物（诸如龙、多头狗）、地形特征（山洞、河流、海洋、山脉）；有时，它又会使用具有象征意味的主题，譬如旅程、爱情、战争、英

伟大的终极

世界上最具辨识度的符号之一是西方称为阴阳符的太极。太极，确切地讲，即“伟大的终极”，它以图形的形式囊括了中国道家思想的核心原理。圆代表宇宙无边无际的无限本质，圆内的两个区域代表既相互对立又相辅相成的力量，它们处于持续的互动状态，形成生命的循环。黑色的区域是阴，代表消极、雌性、黑夜。白色的区域是阳，代表积极、雄性、白昼。阴是原始、本能、直觉、柔顺的化身。阳是创造、理性、刚强的总和。太极图描绘了持续的运动和处于动态平衡的世界。在这个世界内，有两种此消彼长的脉动，它们紧密相连、相互依存，此消彼长。

雄主义、忠诚等。神话中的原型也可以代表人类必须与之抗争的消极力量，这些力量或潜伏于自我，或展现于他人，包括背叛、贪婪、残忍、骄傲、自私等。

某些神话传说脱颖而出成为原型，是因为它们具有震撼心灵的永恒魅力。一旦与它们接触，我们即刻就能解读出它们的象征意义，想到我们的生命中重要的经历和担忧。我们也许会对英雄与敌人的斗争念念不忘，这正是源于我们的内心也陷入这样的斗争当中，譬如，信念与怀疑之间的角逐。我们不应认为古希腊或美索不达米亚的传说只具有历史意义，它们可能表达了我们内心的某个不可或缺的侧面。即使在背后的信仰早已消退，变成了记忆模糊的历史遗产，很多古代神话传说却依然能够流传至今，其中的原因也许就在于此。

探索心灵深层的心理疗法也往往会遭遇这些原型。分析学家曾对梦境、童年记忆、神经官能症、成年人的沮丧、害怕、渴望等领域进行研究，发现将它们与神话和民间故事的典型主题做横向比较，结果往往能给他们很大启发。实际上，发端于西格蒙德·弗洛伊德、卡尔·荣格及其追随者的现代心理分析的心理学只是重新发掘了先人详细了解的内容。尤其是现代讳莫如深的话题，譬如超脱伦理的情感和对父母

太极

太极代表阴（黑色区域）和阳（白色区域）的完美互动和协调，这两股力量在中国的理念中构成了宇宙。阴阳两个区域各自包含对立元素的一点，表示向对立面的转变。韩国国旗在设计时也有一部分参考了这个符号。

的异样情感，都在神话中得到澄清。可见，这些神话中的原型是帮助我们进行自我认知的重要工具。

智慧的化身

围绕佛陀兴起了许多神话故事，旨在传达他开悟的天性和崇高的智慧。这种智慧既高深莫测又简单明了：返璞归真。他的右手边是代表佛法教规的金轮，他双手的姿势象征教诲，另外一个普遍的标志是位于头顶位置的“佛顶”或“智慧顶”，而位于前额的红点则象征洞察万物的“第三只眼”。

卡尔·荣格与原型

正如我们看到的，原型的概念与卡尔·荣格的研究有特殊的关联，可是追根溯源，它的源头却是希腊化时期的犹太哲学家斐洛·尤迪厄斯，又称亚历山大的斐洛（约公元前 20 ～公元 50 年），他用这一术语来代表上帝的形象，将其视作人类能够企及的神的侧面。荣格更加宽泛地运用原型这一术语，表示“构成集体无意识的普遍意象”；这些意象本身虽然是虚无缥缈的能量，但他坚信它们会以符号的形式浮现在人类的意识之中。另一方面，斐洛主张当灵魂逐渐祛除自私和自我的欲望，并意识到自身与神明的统一时，原型就能够长留不灭。

巴

对埃及人而言，这种被称作“巴”的鸟象征着人的灵魂。作为纯粹的原型，它代表人的灵魂在来生得到净化和祝福。

阿尼玛与阿尼姆斯

荣格认为原型最常以人形来体现。阿尼玛和阿尼姆斯就是其中的两例，它们分别代表男性的女性侧面和女性的男性侧面。我们每个人的体内都携带这两性的特质，在理想的状态下，男性将与他的阿尼玛接触，女性与她的阿尼姆斯接触。然而，一旦阿尼玛或阿尼姆斯跃居主导地位，自我的平衡将遭到损害。荣格认为，由阿尼玛主导的男性

魔鬼

这个中世纪的门饰表现了基督教传统观念中的魔鬼形象，警示着人们远离罪恶。这是一个典型的“影子”，魔鬼的头上生有山羊的双角，这一特征源于希腊罗马的潘神，他是自然之神，是原始欲望和欲望泛滥的象征，但他同时也是自然之乐的化身。

会表现得过度喜怒无常和情绪易感，而由阿尼姆斯主导的女性则会表现出过分专断、冷酷的一面。阿尼玛和阿尼姆斯仅仅提供平衡，防止过度男性化或女性化的行为。跟所有的原型一样，阿尼玛与阿尼姆斯都可以向外投射到异性的理想形象上，驱使男性毕生寻觅一位既美丽绝伦又对自己满怀敬慕的女性来爱，驱使女性徒劳无功地想要找到一位集男性美德于一身的完美异性来保护和珍惜自己。

在神话和童话故事中，阿尼玛通常以被囚的公主或神秘的妙龄女子的形象出现，她给迷路的英雄指路或者帮助他在完成危险的使命后全身而退。阿尼姆斯一般以英勇无畏、足智多谋的年轻男子的形象出现，却因为固执任性的天性往往身陷险境。

影子与捣蛋鬼

另外一个重要的原型是“影子”，它是人格的负面，是那些连我们自己也不愿承认的本能与特质的总和。荣格认为，影子若得不到认可，最终可能会在承受不住压力时不受控制地爆发出来，使我们做出与平时大相径庭的举动，让我们事后后悔不迭。它也可以向外投射，使他人、少数族裔甚至小国受到伤害。它的潜在危险显而易见。然而，影子也不完全是负面的。它的能量一旦被发现并引起社会关注，就有可能帮助我们找到自主和自决的必要力量。

提尔·欧伦施皮格尔

一张1921年发行的纸币上印着提尔·欧伦施皮格尔的头像，他是德国传说中的“捣蛋鬼”。这个形象影射他的名字，意指“猫头鹰镜子”。提尔是愚人的原型，举着一面镜子，映照着所谓的“聪明”人。

还有一个很可能会惹麻烦的原型，就是“捣蛋鬼”。“捣蛋鬼”代表所有莫名走上歪路、抢夺成功果实、玩残酷游戏、挑战或搅乱既定秩序的家伙。在内心层面，“捣蛋鬼”会刺激自我怀疑的产生，提醒我们各种焦虑的存在。在我们最想给人留下良好印象的时候，“捣蛋鬼”的存在却会使我们显得格外笨拙。然而，和影子一样，“捣蛋鬼”带来的也不全是负面效应，它有时能够带来合意的改变。它还会帮助我们发现自身非传统的一面，抑或提醒我们注意自己正沉迷于自我欺骗之中。此外，它还使我们意识到生命是不可预测的，我们不该太把自己当回事，也不该得意忘形，想当然地认为生活中的一切都将维持现状，成功总是唾手可得。历史上的“捣蛋鬼”化身为宫廷弄臣或愚人，是唯一一类可以对既定秩序加以讽刺、嘲笑的人。在北欧神话中，这个角色由洛基充当，他总是将其他众神的计划扰乱。在非洲的民间传说中，“捣蛋鬼”往往是一只兔子。非洲奴隶将这一传统带到美洲，与美洲土著的兔子骗子的故事相结合，创造出布雷尔兔的形象。在自然界中，风变化无常，来去完全不受我们的控制，是最具代表性的“捣蛋鬼”符号之一。

英雄与智者

“英雄”代表我们身上最美好的部分，崇高的理想、自我的牺牲、可敬的追求。他是我们所有人身上的一个侧面，是我们能够企求的最好事物的象征。他同样也可以投射到外部世界，譬如，我们渴望有一位完美的领袖，一位会为我们解决所有问题的超人。英雄是西部或战争题材电影中备受宠爱的原型。我们在童话故事中也会发现他的身影，他往往会踏上一段找寻某件神奇事物（宝藏、宝剑、指环、圣杯等）的征程，这件事物将起到矫正一切错误的作用。他也可以内化为我们寻找真正自我、搜寻自我秘密的象征。他还出现在悲剧的神话和典型的故事当中，因为某一个缺陷而落得惨淡收场的结局。譬如，因脚踵这唯一的弱点受伤而死的阿喀琉斯；因犹豫不决而惨死的哈姆雷特；因拒听占卜师之言而横死的恺撒；因无法分辨真爱与奉承之别而亡命的李尔王。身有缺陷的英雄象征着人类的脆弱，提醒我们知道即使是英雄也难逃被死亡击败的命运。正如莎士比亚在《辛白林》中所说："才子娇娃同归泉壤，正像扫烟囱的人一样。"

与英雄同时存于我们体内的还有"智者"的原型，他一般以有智慧的老者、圣贤、巫师、父母的形象出现，具有指引、治愈、启发的能力，有时也身怀超自然能力。如同我们向外投射英雄一般，我们也会投射智者，尝试在自身内部寻找他们的存在。结果，我们往往以为别人，比如，电视荧幕上的科学家、自我吹嘘的治疗师比我们更高明。正因为如此，我们才轻易受骗于各种伪大师和伪先知。

英雄与影子的对抗

这场被称为半人马之战的战争爆发于色萨利，战斗双方分别是尚武的拉皮斯族和贪婪残暴的人马怪，他们之间的角逐可解读为英雄和影子两种原型之间的内在冲突。下图所示为一只制作于公元前6世纪的希腊花瓶。

信仰的阐释

在阐释语言文字难以表达的概念时，各大灵性传统往往依赖于符号进行或抽象或形象的传达。这些符号的存在并非被视作事实或真理，而应被视作提示，为人们指引方向。例如，每个伟大的传统都自有一套创世故事，以此传达深奥的道理，其中包括人类的天性、人类与物质世界的关系、人类的归宿等。《圣经》中描述人类的始祖被创造，之后又被逐出伊甸园的过程，说明了违背自然法则、追求智力知识却不求灵性智慧、妄想从大地不劳而获的重重危险。即使我们与故事创作的时间相距甚远，每一重危险放在今日也仍然有现实意义。

飞升的灵魂

在英格兰的韦尔斯大教堂中可以看到哥特式建筑的尖形拱门、拱顶、尖塔，它们如此的设计都是为了吸引人们的目光，使其和灵魂一道往上，朝着天堂的方向。

艺术、建筑和仪式

灵性真理除了能通过故事传达以外，还可以借助礼器、艺术、宗教建筑加以表现。故事的情节不仅会出现在绘画或雕塑之中，有时也会出现在诸如屏风、圣餐杯、碗、匣、烛台这样的圣器上。无论是寺庙还是教堂，宗教建筑的价值就在于它能从方方面面呈现出宗教主题和事件。墙壁、地板、窗户形成二维的平面，可以展示图像，水平面则提供了圣器展览的平台。宗教建筑的总体结构通常也具有重大意义。它往往将几何学与对宗教的阐释相结合，借此产生象征意义。譬如，我们经常会见到基督教教堂将十字形平面图与穹顶融合起来（如位于罗马的圣彼得大教堂），让人联想到耶稣的受难和天堂的穹顶。

教堂的建筑结构本身就暗含了对教义的阐释，并与更直白的雕塑、绘画、玻璃窗结合成一个整体。在普罗大众普遍不识字的时代，这是一条教导信徒宗教信仰的有效途径。欧洲的哥特式教堂修建成十字架的外形，指向东方的耶稣诞生地。其中的圣坛诉说着耶稣的牺牲和遗体存放的坟墓。哥特式的尖拱象征着祈祷的双手，时刻提醒信徒注意祈祷在灵性生活中的重要地位。圣徒的塑像和雕刻象征着神圣的美德，彩绘的墙壁以象征的手法描述了耶稣的诞生、施行奇迹、宣讲教义，以及他在十字架上迎向死亡的情景。天花板上的绘画则会将人们的视

神山

位于柬埔寨吴哥窟的这座神庙兴建于公元12世纪，用来供奉神明毗湿奴。和印度教的其他许多寺庙一样，它的宝塔象征着众神居住的须弥山。位于中央位置的宝塔高耸于神庙的主殿之上，是人们膜拜的中心。

线和精神一起向上牵引，从世俗世界引向永恒世界。

如果有合适的客体，我们的祈祷或冥想就能高度集中。例如，耶稣受难的景象就具有象征意义，能提醒我们世俗的生活与肉体的苦痛无法分离；而频繁出现的葡萄、玉米、鱼、鹰、鸽子等形象都拥有各不相同的寓意，信徒们可以借此加深认识和了解。这都旨在让信徒们的心灵转向基督和上帝，铭记生命的短暂，从而不被尘世、肉体等牵绊。教堂正是一座鲜活的丰碑，向人们印证着世俗生命还具有超出其自身的意义。

其他宗教传统的建筑也与此相似，细节或许略有不同，却传达着相同的信息：物质世界并非终极的真实，人类必须专注于精神不朽的真理，它与转瞬即逝的尘世生活有着天壤之别。伊斯兰教不借用人物或动物的形象，而使用几何图形传达象征性的信息，但是重点还是要让信徒的心灵皈依神明。印度教对表现人体不存在顾虑，因而，使用富于表现力的雕塑展现神明丰富多彩的本性。

神圣的图案

伊斯兰教禁止在清真寺内以肖像的形式表现神明，因此，清真寺的装饰都通过纷繁复杂的、令人目眩神迷的书法、花纹和几何图案来敬奉神明。这块来自伊朗伊斯法罕聚礼清真寺的陶瓷镶板以高度艺术化的字体摘录了源自《古兰经》的五段经文。

神秘体验

宗教体验是信仰的产物，它是非理性的，并总是以非理性的方式进行自我表达。因此，在各种宗教中，光、火、水都具有了特殊意义，而对神秘主义者来说，狂喜的体验更是意义重大——他们可以借此与某种化身的终极体验进行类比。在三大一神论宗教中（犹太教、基督教、伊斯兰教），天使都可以在信徒的内心深处唤起超越世俗束缚的生命体验，它们的飞行和神圣的音乐都增强了化身的符号意义。然而，在犹太教（卡巴拉）和基督教（《约翰福音》）中，它还扮演着重要的角色，不是作为语言，而是作为难以名状的神秘能量。同样的例子还有神圣音节 Om 或 Aum，印度教和耆那教徒在祈祷开始和结束时都要念诵这个音节。Om 代表着最高现实，或梵，而许多印度教学者都视 Om 为最初的声音或震颤，真知的精髓尽在其内。

秘密符号

神秘的秘密

像玫瑰十字会这样的神秘会会使用大量符号，这些符号大多取自《圣经》和传统炼金术。然而，这样的符号在某个特定的文本中的意义是什么，只有使用它们的少数会员才知晓。这棵区别善恶的智慧树出自一本名叫《玫瑰十字会的秘密符号》的书籍。

丹·布朗创作的畅销小说涉及神秘的符号系统，揭开基督的秘密世系的真相，它被命名为《达·芬奇密码》绝非偶然。面对符号组成的密码，我们想到的总是“解码”，这个词准确描述了“对一个神秘符号的意义进行阐释”的这类行为。而符号越是复杂，它的文化背景距离我们越是遥远，运用“解码”这个词就越是恰如其分。

对于信仰同一套思想体系的会员而言，象征性符号是他们之间进行交流的理想语言，当这些思想具有强大、异端、颠覆、危险等特质时，尤为如此。象征性符号提供了一整套视觉密码，让外人无法轻易解读。

人们用符号对信息加以隐藏，目的并不总是为了躲避惩罚或迫害。那些研究深奥符号的人常常借此垄断某些特别的知识，认为这些知识中蕴藏着巨大的力量。在一个封闭的团体内，成员们在相互交流时都会十分注意不让这种力量的秘密外传。

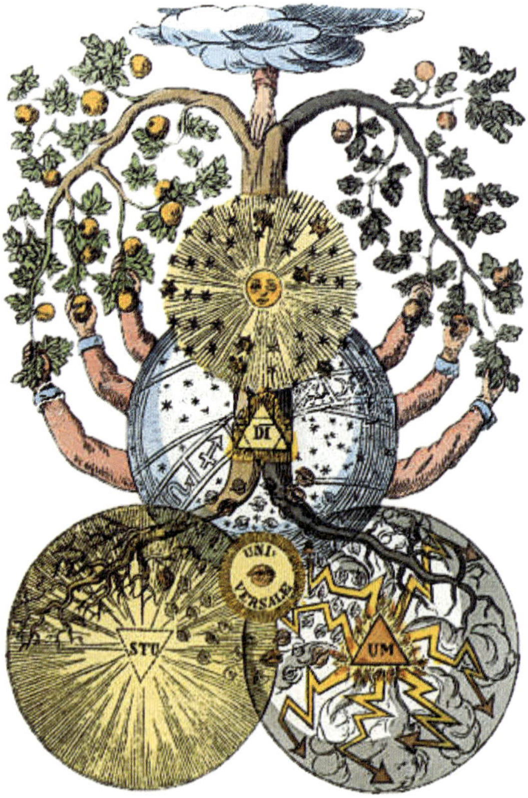

通往神的道路

符号可以分为公开的与机密的两种形式。

公开的符号能让外行人理解，而机密的符号则只有小部分圈内人士才能理解。机密的符号之所以被创造出来，是因为它的创造者相信某些信息应是秘密，出于某种原因必须将其隐藏起来，不被普罗大众知晓。一旦这样的信息落入错误的人手里，就有可能被用于歧途。并且，太过广泛地传播也很可能会削弱它的效力。

一个特定的符号也许对受过教育的大众而言具有一种含义，这种含义源自长时间确立的传统；而对某个经特殊渠道接触过奥义的人而言，它又有另外一种完全不同的含义。长久以来，西方文学经典中就有以寻找圣杯为主题的中世纪欧洲传奇故事。相传，这只富有传奇色彩的圣杯曾在“最后的晚餐”上被使用过，后来，当十字架上的耶稣奄奄一息时，它又被亚利马太的约瑟端去接耶稣的血滴。长久以来，人们都认为圣杯具有神奇的力量，而它也因此化为一个符号，代表苦苦追寻却不可企及的事物。最近，也有理论认为圣杯其实压根不是什么人造的器物，而是一个秘密，这个秘密一旦被揭开，就将对现代世界的根基造成威胁。这个理论的其中一个版本（来自亨利·林肯著的《圣血与圣杯》一书）阐述了这样一个观点，认为耶稣并没有死在十字架上，他幸存了下来并迎娶了抹大拉的玛丽亚，两人生儿育女，而他们的梅罗文加血脉则一直延续至今。根据这种说法，圣杯象征着承接耶稣血统的玛丽亚。这些观点与传说中的一个秘密会社——锡安会有关，这个会社的高层据说包括列奥纳多·达·芬奇、让·谷克多在内，还得到了圣殿骑士团的秘密军事力量支持。

这一切并不一定能准确反映符号在秘密会社内的真实作用（毕竟，这些都只是猜测），却反映了机密的符号象征以何种方式左右着当今西方大众的心绪。然而，纵观历史，的确曾经有过无数的教派、兄弟会社和特殊利益团体都声称自己身负保护先人智慧的重任，避免智慧因过多曝光而失去纯度。

异教之谜

在大众的想象中，共济会是最大最知名的秘密组织之一，而共济会所使用的符号则是一块笼罩在这个组织上的神秘面纱。在进阶的过程中，共济会的会员对会内的“神圣法则”将经历一个由浅入深的认识过程，并逐渐掌握只有会员才能辨识的交流方式，包括各种手势、标志、密码，等等。

玫瑰十字会、卡巴拉还有炼金术这样的准科学体系都以相似的方式运用符号。究其根由，主要是因为人们认为这些体系经常接触深奥的真理，这些真理若是落到那些没有进行过必要准备、没有学习过如何正确应用的人手里，也许就会成为危险的武器。

对那些未入会的人而言，炼金术的教义堪称“为晦涩而晦涩”的典范。诸多炼金术的文本实际上并不具备可读性，哪怕是最全心投入的研习者，都无法以任何有效的方式对其加以运用。一些炼金术的文献就公开承认它们刻意保持隐秘。炼金术手稿《玫瑰园图》中这样写道：“我们从不公开讲述真理，我们将其用密码和图像记录并隐藏了起来。”但是，也不要因此完全否定炼金术的价值。尽管没有证据表明它能成功地使贱金属化为黄金（它的意义在大众眼里仅限于此），倘若换个视角将其视作一种灵性的践行，旨在使名为“自我”的贱金属转化成名为“灵魂”的黄金，那么它的存在便无不意义。卡尔·荣格坚持用这一视角看待炼金术，并得出结论，认为炼金术是一门探究内心的学科。它可以为病人病情的转变提供诸多线索，使病人的人格变得到更加完整。

炼金术与玫瑰十字会都属于西方秘传的智慧传统，此传统有时被称作赫尔墨斯主义。事实上，通神学、诺斯替教以及卡巴拉在西方世界的多种理论都可以视作这一个思想万花筒中的不同闪光。赫尔墨斯主义一词源于赫耳墨斯·特里斯墨吉斯忒斯，融合了希腊神赫尔墨斯和埃及神透特的特征。在这个源远流长又波澜壮阔的神秘信仰中，符号发挥着几乎等同神圣、经典的功能，以极其含糊难解的特质吸引了大批解读者，使他们乐此不疲地投身到为其注解的洪流之中。

解放灵魂

这幅图选自插图最为丰富的炼金著作之一——成书于16世纪的专著《光辉的太阳》。该图象征性地展现了“煮沸躯体”释放灵魂的过程，图中白色的鸟儿代表灵魂。此图绘制于16世纪末的德国奥格斯堡。

符号的世界

第二部分

宇宙

人类一度认为地球位于宇宙的中心位置，而宇宙则被视作一个球体，由多个层次组成，这些层次或由神明管辖，或从属于某些强大的力量。即使到了今天，对大众而言，星空仍然充满了各种深奥的意义。

天体
太阳
月亮
占星术

天体

星空以永恒而规律的周期环绕世界运转，自远古以来就一直催生人类的好奇心。人类认为天体不仅能反映地球生命的本质和进程，还能反过来对其产生相应的影响。

恒星

在诸多文化中，人们认为恒星会对人类的生命产生影响。单个的恒星也许象征天使，也许象征生命的种子，也许象征神之光在天球上的烙印。而由众多恒星组成的银河，则象征天上的一条道路、河流，抑或一座桥梁，连接人间与神界。

恒星

彗星

彗星和流星一般都被视为一种预兆，预示将有重大事件发生。有些人声称伯利恒之星（圣诞星）也许是哈雷彗星。这颗彗星一次出现于公元前 12 世纪，另一次出现于 1066 年，对于英格兰的哈罗德二世而言，它是灾星。对于诺曼底的威廉而言却恰好相反，因为威廉恰在这一年征服了哈罗德的王国。

彗星

行星

行星象征着各自名字代表的古代神明。血红的火星逞凶好斗，

行星

恒星工厂

恒星符号往往被设计为拥有五个顶点的五角星形图样，代表重生。有些“恒星”其实是星系，如同这个旋涡状的星系一般，是生产新恒星的“恒星工厂”。

移动缓慢、体积庞大的木星和土星分别彰显宇宙的庄严和神秘，水星对希腊人而言是两个神明的化身——朝为阿波罗，暮为赫尔墨斯。金星也有类似的双重身份：启明星和长庚星——光明使者或太阳车的马车夫。它是光明的先驱，是代表爱情和繁衍的女神，后来又象征圣母玛利亚。在中美洲，金星代表强大的男性的力量，它升起的时刻便是战斗的吉时。

太阳

太阳作为最光辉灿烂的天体，是最普遍的代表生命、光明、创造、重生的标志，同时也是至高无上的君权和王权的象征。它是光明的赐予者，代表神的智慧与启示、深奥神秘的知识。它也是灵感之光、创造力和艺术的象征，古典太阳神阿波罗正是缪斯的首领。世界各地的众多宗教遗址在建造时都选择朝向地平线上一年中日照时间最长和最短两天的日出点，这两天对古代的历法而言具有至关重要的意义。圣

诞节的日期很可能反映了教会将罗马的盛大节日太阳神节，该节日定在冬至之后进行庆祝，恰是一年中夜晚最为漫长的时期。

在大多数神谱中，太阳都是最高神明，或是那位神明的神力的至高表征。在埃及，太阳神拉是伟大的守护神，他的力量和祝福由法老散播出去，法老既是“拉神的儿子”，又是太阳自身，也是太阳神荷鲁斯的化身。埃及人创造出多种形式的太阳神，其中既有白昼的太阳，又有黑夜里穿过阴间的太阳。印加人宣称自己是“太阳的后裔”，他们用黄金装裹位于库斯科的太阳神因蒂的神庙，据说黄金由因蒂的汗水凝结而成。对阿兹特克人而言，只有大规模的人祭才能满足太阳对

太阳王

太阳普照万物，是强大而神秘的君主的象征。法国国王路易十四将自身塑造成太阳王的形象，宫廷和国家围绕着自身旋转。凡尔赛宫在设计上大量运用了太阳的主题（上图所示为一处栅栏的细节）。

鲜血的渴望，保证太阳每天照常升起。

太阳作为温暖的赐予者，是能量、激情、青春热情的象征。它最常被幻想为男性的形象，但它既然是生命的源泉，就有可能以女性的形象出现，这一点可以在日本、美洲土著以及大洋洲土著的传统中得到印证。

众生之主

埃及人发展出了一套极为复杂、微妙的，其他民族无法比拟的太阳符号体系。他们采用了多种形式表现集太阳与至高创造者于一身的拉（瑞）神。圣甲虫神凯布利（如左图所示）是黎明时分的太阳，太阳自阴间再次升起，好似被圣甲虫从自身的巢穴里推出的一枚粪球。粪球包裹并滋养着圣甲虫的虫卵，而太阳则在每天旅程开始之际为创造物提供新一轮的营养。隼神哈拉胡提的名字意指“地平线上的荷鲁斯”，他是攀上中天的太阳，像一只冲上云霄的猛禽在上空来回盘旋；头顶太阳圆盘的隼是埃及最常见的太阳符号，也是王权的有力标志。长有公羊头的阿图姆神或“拉·阿图姆”是日落时分的太阳神，他沉入阴间保护人世免受混乱和毁灭的侵扰，直至变回凯布利神再次升起。阿顿神是肉眼可见的太阳圆盘。他是法老阿肯那顿在位期间敬奉的最高神明与生命之主。

国家的太阳

太阳作为主权、自由、复兴的标志，出现在许多国家的国旗上，如图所示，日本的国旗（1）展现了一个冉冉升起的太阳，呼应该国的日本名Nihon或Nippon，字面意思为“太阳的起源”或“太阳升起的地方”。神道教的太阳女神天照大神是日本天皇的传统祖先。乌拉圭的国旗（2）和下方的阿根廷的国旗（3）上都印有五月太阳，纪念曾爆发的一次推翻西班牙统治的反抗运动，该运动是这两个国家通往独立的关键一步。1949年以前的中华民国国旗（4）乌拉圭和中华民

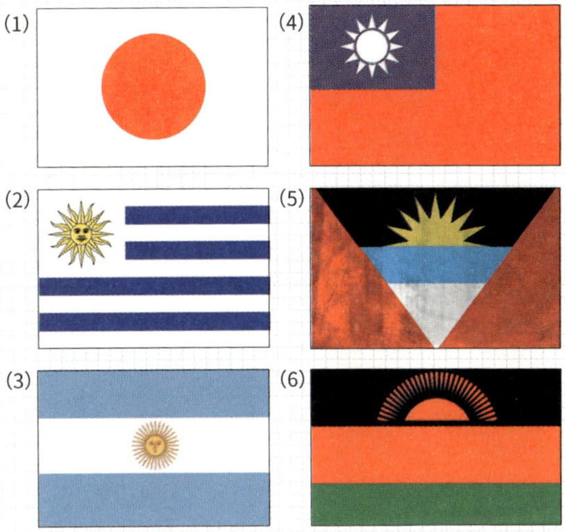

国的旗帜的样式都受到了美国国旗的影响。在安提瓜和巴布达的国旗（5）上，太阳从代表胜利的“V”形图案内中的蓝色海面上喷薄而出，庆祝摆脱英国的殖民统治获得独立。太阳的黑色背景是为了纪念其非洲渊源，前殖民地马拉维的国旗（6）也体现了这一点。

万字饰

万字饰虽曾被搞得面目全非，但它其实是一种古老的太阳符号。在中美洲、东亚以及凯尔特人那里都能够找到形式与它相似的符号。它代表动态的创造力围绕宇宙中心不断旋转。

太阳神

希腊太阳神赫利俄斯在罗马被尊奉为无敌太阳神、不可征服的太阳神，人们在每年的 12 月 25 日庆祝他在冬至日的重生。基督教将这一天定为圣诞日，将耶稣称作“正义的太阳”，耶稣有时也被刻画成乘坐日辇的太阳神的形象。

美洲虎太阳神

玛雅人的太阳神奇尼奇阿豪代表“太阳面容之神”，他的五官有时肖似中美洲的百兽之王美洲虎。到了晚上，奇尼奇阿豪则化身为美洲虎神穿行于阴间。

维齐洛波奇特利

“南方的蜂鸟”是阿兹特克人的太阳神、战神，是其民族的最高神祇。维齐洛波奇特利等同于太阳神托纳蒂乌，他在阿兹特克人的人祭中扮演核心角色，大规模的人祭只为满足他对鲜血的渴望。

法厄同

法厄同是太阳神赫利俄斯的儿子，也是蛮勇的代名词。他百般央求父亲，想要驾驭日辇，赫利俄斯无奈地答应了。但法厄同无法控制太阳神的马匹，结果完全失控。最后，宙斯用一道闪电劈死了法厄同，结束了这场混乱。

达日博格

达日博格是斯拉夫人的异教太阳神，他的名字意指“施予恩赐的神明”。达日博格是火神的兄弟，他居住在东方的乐园，和希腊的赫利俄斯一样，每天都驾驶日辇出行。相传居住在最东边的斯拉夫人，即俄罗斯人，是他的后裔。

日食

日食被普遍视作恶兆。对印加人而言，日食预示着太阳神因蒂（如上图所示）发怒了。秘鲁就是在一次日食之后被西班牙征服的。日食也是日本的一个神话的来源，传说太阳女神曾经藏在洞穴之中，使世界陷入一片黑暗。

金乌

在中国的传统中，太阳代表阳，是雄性的一极。太阳上面居住着一只三足乌鸦，它的三条腿分别代表黎明、正午、黄昏时分的太阳。在中国神话中，天上曾有十个太阳，后来被英雄射手羿射了九个 。

凯尔特十字

凯尔特十字代表太阳从宇宙创造的中心向四个方向辐射光芒，它是史前的异教符号，后被改造为凯尔特基督教的独特十字造型。凯尔特的光神鲁格或卢格斯可能都曾是太阳神。

月亮

从地球上看去，月亮的大小似乎和太阳差不多。这个巧合无疑会滋生一个普遍的观点，认为太阳和月亮是彼此配对的两个最重要的天体，也是白昼与黑夜、光明与黑暗的主要代表符号。太阳与月亮也可以化为神明的两只眼睛，埃及（荷鲁斯）、中国（巨人盘古）、日本（伊邪那岐）的神话皆有印证。

在多数文化中，月亮拥有女性的形象，这无疑源于月亮的周期与女性月事周期的关系——单词“月亮”“月份”“月经”相互关联。对加纳的阿肯人而言，月亮是创造的至高符号，由女神尼阿美代表。月亮作为创造之神往往要让位于太阳；然而，月亮却是女性繁殖力和力量的持久象征，在古代，它与众多伟大女神密不可分，譬如埃及的伊西斯以及希腊的狩猎女神阿尔忒弥斯（狄安娜）。阿尔忒弥斯为了守住贞洁表现出残忍无情的一面，这也反映出月亮这一天体的矛盾特性，尽管它在主持生育、潮汐、时间方面是善意的，但它也暗示着黑夜深处潜藏的种种威胁。

月亮有时也具备男性的形象，比如在日本，太阳女神天照大神的对应神明是月亮男神月夜见尊。在大洋洲，太阳为阴，月亮为阳，因

伊斯兰教的月亮

新月作为广泛运用的伊斯兰教的符号，源于奥斯曼帝国。奥斯曼帝国于1453年征服拜占庭帝国的首都君士坦丁堡，此图案借鉴自君士坦丁堡的旗帜图案。它最初象征阿尔忒弥斯，她是君士坦丁堡的前身——拜占庭的守护女神。

塔尔科克

因纽特人的月亮精灵代表生育、道德以及动物的精魂。人类一旦违反规则，塔尔科克就会施加惩罚，带来疾病、风暴或使狩猎失败。在这张来自阿拉斯加西部的塔尔科克面具上，面部周围的白色边界代表空气，圆环代表宇宙的各个层次，羽毛则表示星星。

为女人白日劳作，男人夜间捕鱼。在埃及，不断变化的月亮是转变和神秘智慧的象征，由生有朱鹭头颅的神明透特表现，透特的鸟喙弯曲，形似新月。在希腊神话中，这一位置由赫尔墨斯取代，因为月亮是黑夜中的光，赫尔墨斯也成了是渡灵神，即死者的向导。

月相

月相——自新月始，逐渐丰盈成为满月，再渐次亏损成为残月，随后又回到新月（如下图所示），普遍用来象征形成、分解、再生的永恒循环。在中国，新年开始于冬至之后的第一个新月，代表万物生长的潜能。满月代表处于充盈状态的阴。阴是感受性、被动性、黑暗、女性、湿气的总和。在中国的传统中，最明亮的满月出现在农历八月，这一天是月亮的节日（中秋节），家庭团聚共享美食，享用代表满月的月饼。而在佛教的传统中，满月则是纯净和宁静的象征。

在印度，新月是宇宙的转变者湿婆的标志。它还与埃及的透特以及代表转变和变化的古代神明赫尔墨斯或墨丘利相关。毛利人将月亮的阴晴圆缺解释为月神与另外一个神明之间的持久战争。此外，单词新月意指“渐圆的”（拉丁语 crescere 意为“增长”），而作为一个常见的象征月亮的符号（如右图所示），两个尖端指向右面（东方）的新月其实是一轮渐亏的残月。

月亮与狒狒

埃及人认为是狒狒与月亮息息相关，因为它们天亮前就会苏醒，迎接太阳的到来。月神透特有时会以狒狒的形象出现，头戴新月怀抱满月的头饰。这个装饰代表月亮的不同月相以及灵魂的转变。

月亮上的人脸

西方民间传说认为，我们能在月亮的表面辨识出一个人的身形或面孔。据传他被送到那里，以便在安息日收集柴火。

月亮与疯狂

月光一般会让人联想到有害的影响与不稳的精神，这也是为何精神病患者曾被叫作“lunatic”（疯子）或“moon-mad”（月狂）的原因。这种影响在月圆之夜变得最为强大：在东欧的民间传说中，狼人会在此夜变为狼形。

无罪成胎论

在刻画圣母玛利亚时，相信无罪成胎论的艺术家往往会在圣母的脚边点染一轮月亮，作为她的纯洁的标志。所谓无罪成胎论，是指圣母在受孕之始就未受人类原罪的污染。这个传统在17世纪西班牙的宗教艺术中大为盛行。

月亮上的兔子

在东亚和美洲的诸多传统中，月亮上住的不再是人，而是兔子。中国的神话故事里，玉兔会用研杵和研钵捣制长生不老药。在中国的传统思想中，月亮是生命之源，能在子宫内催生并孕育“月魂”。

占星术

作为最古老和复杂的符号系统之一，占星术是一门研究恒星和行星的运动以及它们的运动可能对世界产生何种影响的学问。它发源于古巴比伦，在希腊罗马得到发展，并在中世纪被阿拉伯人详细阐述，现代还将天王星和冥王星也纳入了研究范畴。占星术的原理经历两千年的洗礼却变化甚微，直到 17 世纪，它才与更加科学、更加严谨的天文学分道扬镳。在大多数人眼中，它仍然展现着人类与宇宙的密切联系。

占星术基于赫尔墨斯主义的原理（“上行、下效”）进行运作。这一原理认为，发生在大宇宙（宏观世界）中的事件会在我们自身世界的小宇宙（微观世界）中有所反映。在由众多恒星组成的看似固定的背景下，古人注意到了七个明显在移动的天体（太阳、月亮、金星、水星、火星、土星、木星），他们研究这些天体和地球之间相对运动，

并对它们彼此之间规律的位置变换着迷。这个背景被划分为十二个“宫”，每一个以其“主宰”的星座命名。它们一并被称作黄道十二宫（Zodiac），这一称谓源于希腊语“动物”一词，因为十二宫的符号中有十一个是活物。在这幅 18 世纪北天球的半球图上，可以见到环绕着“天赤道”（地球赤道在天空中的投射）排列的黄道带。

恒星和行星的特性以及它们的相对位置据说会对个人乃至国家的命运产生影响。占星家可以通过“占”星或绘制天宫图来推演出这些影响。占星家也可以根据一个人出生时的星图来预言此人未来的性格和命运。

中国的占星术

中国的占星术在远东地区有广泛的应用。它的基本理念和西方的占星术一样，都是认为天的变化会对地上的事物造成影响。然而，与西方占星术不同的是，它还将气象现象考虑在内，譬如雷电与彩虹。此外，它还与阴阳五行的宇宙学说相关。

中国的占星家将天空划分为二十八个“舍”（宿），用以反映太阴月，认为月亮每晚会居于不同的星宿。不过，中国也存在一个类似十二星座的生肖体系：鼠、牛、虎、兔、龙、蛇、马、羊、猴、鸡、狗、猪。每一个生肖都有自己的特色，会造成不同的影响，依次主宰以十二年为一循环的每一年。这个循环与阴阳五行结合运转，形成六十为一甲子的循环，起首为“阳木鼠”，末尾为“阴水猪”。

天蝎座，蝎子

（10月24日–11月22日）

自然趋于沉寂，黑夜逐渐漫长；代表强烈、韧性、感知力和深刻的情感；属水象星座。

天秤座，天平

（9月23日–10月23日）

地球处于秋分时节；代表智力和直觉的平衡；属风象星座。

处女座，处女

（8月23日–9月22日）

正值收割的过渡时期；代表可靠、诚实、批判性的分析；属土象星座。

狮子座，狮子

（7月23日–8月22日）

卓越的太阳标志，统御仲夏，狮子座是权力、骄傲、勇气、抱负的象征；属火象星座。

巨蟹座，螃蟹

（6月22日–7月22日）

代表镇定、敏感、创造、独立；属水象星座。

双子座，孪生子

（5月21日–6月21日）

代表智力、适应力、性格的二元冲突；属风象星座。

射手座，人马怪或射手

（11月23日-12月21日）

代表力量和智慧的平衡、坚强的意志、灵感以及道德的力量；属火象星座。

摩羯座，山羊或山羊鱼

（12月22日-1月19日）

隆冬时节的星座；代表反思、谨慎、内在的创造力；属土象星座。

水瓶座，水瓶

（1月22日-2月18日）

光明逐渐回归；代表希望、视野、同情、智慧的分享；属风象星座。

双鱼座，双鱼

（2月19日-3月20日）

春天将至，河水流动；代表适应、敏感、情感、梦幻；属水象星座。

白羊座，公羊

（3月21日-4月19日）

它是占星学黄道十二宫的第一宫；恰逢春天万物复苏之际，它让人联想到能量、冲动，属火象星座。

金牛座，公牛

（4月20日-5月20日）

时值地球的创造力最为旺盛勃发之际；代表决心、力量、勇气；属土象星座。

自然

18 世纪，一种新的观念开始出现，认为原始社会更加亲近自然，也更能分辨自然界的机遇与危险，自然虽令人心生不安，却不失为一片美丽的原野。

陆地与海洋
树木
卡巴拉
果实
花卉与植物
玫瑰十字主义
园林
元素
金石
炼金术
哺乳动物
犹太教
水族
飞禽
王室与纹章
蛇与爬行动物
昆虫与节肢动物
传奇野兽
道教

陆地与海洋

人类总会情不自禁地会将内心最深处的渴望寄托在目光所及的风景之中，如云朵、夜空、海平线，等等。自然世界中的景物有时的确能用来描绘我们内心无意识的状态，比如，我们的梦想和焦虑。

岛屿

丘陵与山脉

海洋、湖泊、泉水

岛屿

哪怕约翰·多恩写下了“没有人是与世隔绝的孤岛”的著名诗句，指出了人类互相依赖的天性，岛屿却仍旧是遗世独立的自我或小我的标志。同时，岛屿也是避难所，甚至是天堂的所在。无论在希腊还是凯尔特的传说中，“极乐岛”都是有德行的逝者的家园。

丘陵与山脉

山脉作为天地交接的地方，具有灵性的意义。印度教和佛教都构想了一个环绕须弥山的圆锥山体建造的宇宙。正如但丁的《炼狱》所示，你在山上爬得越高，就越能接近顿悟或救赎。

河流

河流处于永恒的流动之中，代表持续向前的生命进程。水流顺着河道汇入海洋，标志着意识进入更高的境界。印度的恒河化身为恒河女神，它的河水来自湿婆神的秀发，可以洗净不洁。

海洋、湖泊、泉水

海洋让人联想到无限的自由和英勇的冒险，同时还有不可估测的深度。它的无边无垠让人既心情激越又胆战心惊。波浪代表令人神魂颠倒的激情的力量，正如希腊神话里的海洛和利安得一般。淡水暗藏着繁殖的潜能，泉水溪流是汩汩流淌的生命力，池塘代表安宁静谧的子宫，湖泊则是大地的眼睛。

树木

树木作为植物王国最重要的成员，提供了一个既丰富多彩又在各方面颇为统一的符号体系。落叶乔木是表现生长、腐朽、再生这一循环过程的最好符号；而无论是落叶乔木还是常绿树，都是力量、持久、刚毅、长寿的象征。树木扎根于地下，将树枝伸向天空，进而成为连接冥界、人世、天界的桥梁。在美国西南部的普韦布洛人中，流传着这样的说法，人类是从地下出生，并通过一棵树来到世间。树木联系着四大元素：它们以土和气为食，释放出水（树液），并能燃烧助火。在古代北欧的冬至圣诞节上，人们要燃烧一段落叶的橡树树干，并用灯笼装点长青的枞树，象征自然的重生，还有光与火在隆冬的黑暗沉睡之后的再次苏醒。

树木一般被认为是精灵的住所，树林以及茂密阴暗的森林深处的空地都是天然的圣地。凯尔特人在树林之中进行宗教的膜拜，单词 nemeton 具有“树林”和“圣所”的双重含义。凯尔特神明科尔努诺斯就住在森林里，这位神明头生鹿角，司掌繁殖。对佛陀而言，树木是冥想状态的清宁意识的象征，他在与世隔绝的森林里宣讲佛法。在小乘佛教中，冥想时的“森林传统”一直延续至今。

榕树

榕树是印度的国树。它自母树的树冠向下方的地面生长，《奥义书》中提及的倒转的世界树就是以榕树为原型的。

两树同根

宇宙树的一种变体就是从同一个树根催生出孪生的枝干，或者从这些枝干蔓生出的纵横交错的树枝。这代表了既相互对立又互为补充的二元力量——生与死、天与地、灵魂与肉体。

宇宙树

无论是宇宙的中心，还是一切存在的本源，都经常被想象成一棵巨树，它是世界的中轴，支撑着天地间的交流。在《奥义书》和《光辉之书》中，宇宙树是上下倒立的，它扎根于空中，成为一切存在的本源。

棕榈树

最初，棕榈叶是罗马人眼中象征军事胜利的标志，后来人们抛掷棕榈叶庆祝耶稣作为救世主降临人间。因此，在基督教的象征体系中，棕榈树成为信仰献身并最终战胜死亡赢得胜利的理念。在阿拉伯人的传统中，棕榈树是生命之树。在《古兰经》中，玛利亚（麦尔彦）在沙漠里的一棵棕榈树下生下耶稣，这棵棕榈树立刻结出丰硕的果实，并现出一眼泉水。

神圣的橡树

强壮巨大的橡树是雄性活力与力量的普遍标志，它常与奥丁神这样强大的男性神明联系在一起。也许是缘于橡树具有抵抗雷电的特质，它被当作献给雷神的特别圣物，这些雷神包括宙斯（朱庇特）、托尔、凯尔特的塔拉尼斯，等等。橡树是古代凯尔特人的圣树，老普林尼借由希腊语的drys（意指“橡树”）一词衍生出druid（德鲁依教士）一词。根据普林尼的说法，德鲁依教士只会从橡树上搜集圣物槲寄生。凯尔特人大都在橡树林空地上进行宗教的膜拜活动；橡树林被称作Drunemeton，是安纳托利亚的凯尔特人——加拉太人的重要圣所。人们认为橡树具有坚定勇敢的心灵，同时也是胜利的化身。在古希腊德尔斐举办的皮提亚竞技会上，获胜者都会戴上橡树叶编织的头冠；有些军队还会用橡树叶的勋章嘉奖那些在战争中表现得异常英勇的战士。

橡树也具有雌性的侧面。作为生于土壤的强大生命，它是大地女神和母亲女神的圣树，这些女神包括希腊的赫拉和美洲土著的地母。赫拉和她的伴侣宙斯在橡树林中举行仪式结为夫妻，这也许代表了天与地的结合。希腊的女树神称作dryads，字面意思是“橡树仙女”。

橡树还具有预言和占卜的功能。希腊的多多纳神谕所最初供奉母神狄俄涅，后来成为宙斯的圣殿，殿内的祭司将橡树叶发出的沙沙声解读为神明的声音。

死亡之树

树木可能与牺牲或死亡有直接的联系，如同《创世纪》中的那棵智慧树，树上结出的果实会给人类带去死亡的诅咒。对基督徒而言，它也对应着十字架，即耶稣受难之“树”（以及基督的永生）。在北欧神话中，奥丁把自己吊在一棵叫作尤克特拉希尔的世界之树（白蜡树）上长达九天，牺牲自我只为获得预言的符文。

金合欢

以色列人建造会幕用的圣木取自金合欢，据传，它也是耶稣的荆棘之冠。金合欢开出的红白两色的花朵象征死亡和永生的对立统一。

山楂树

在欧洲的民间传说中，山楂树是代表强大魔法的树木。在不列颠群岛，每逢5月1日，人们就会将山楂花悬挂在家门周围用以驱邪，可是，若在此之前将花带至室内，则被视作不祥的征兆。

冬青

常绿的冬青在隆冬时节结出果实，在罗马异教传统中是新生的标志。后来，它与荆棘之冠发生关联，结出的浆果象征基督流下的血滴。

月桂树

月桂树是贞洁和胜利的化身。一位名叫达芙妮的仙女为了躲避光明与灵感之神阿波罗的熊熊爱欲，将自己变成了一棵月桂树。阿波罗将它奉为圣树，用它的树叶来为诗人和胜利者制作桂冠。

欧椴树或菩提树

欧椴树（也叫菩提树）的树龄很长，花朵有香甜气味，能入药，人们相信它可以激发真诚的品质。斯基泰人的占卜师会用一片欧椴树的叶片将手指裹缠起来；过去，大多数德国乡村的集会和庭审都会在欧椴树下召开。这种树还是友谊的象征，情人会在树下约会，村民会在树下举办公众宴会。

岁寒三友

松、竹、梅是中国传统的“岁寒三友”。长青的松树能抵御严酷天气的考验，是在逆境中持久忍耐的象征。它还是长寿不朽的普遍标志，通常与桃子、仙鹤这样的标志共同出现。一个装饰着九棵松树的礼物传达寿比南山的祝愿，因为，汉字的“九”与“久”谐音。松树就像是一位饱经风霜的智者，经历了时间的考验。

竹也是常绿植物，具有和松树一样的象征意义。又因为竹子可做多种用途，既可食用又可制作脚手架，所以它还象征着多才多艺的品质。它的柔韧使它成为坚毅和灵活双重品质的化身。梅属落叶乔木，它是一年中最早开花的树木之一，甚至比著名的樱桃树还早，这也赋予了它特别的象征意义。它那或红或白或粉的花朵是报春的信使，象征着希望、美丽、纯洁，又因花期短暂，也象征存在的转瞬即逝。同时，它还传达出不畏严寒的品质，如一位诗人所描绘的一般“欺霜傲雪”。“岁寒三友”完美诠释了儒家士大夫的形象：无论社会环境如何变幻，都坚定屹立，巍然不倒。

杏树

在黎凡特地区，杏树最早开花，是新生的古老标志。滋味甜美的杏仁象征宝藏，尤指灵性的宝藏。杏仁是基督的化身，是化为凡胎肉身（壳）的上帝（仁）；抑或玛利亚，因为她是身怀耶稣基督的神圣载体。这一形象源于《民数记》的“熟杏”的说法。在绘制基督和玛利亚时，人们往往将其绘制在一个杏仁状的椭圆光环之中。

榛树

在欧洲民间传说中，榛树象征天赐的洞见、魔法知识和生育。它是巫师制作魔杖的传统材料。在爱尔兰神话中，一棵具有魔力的榛树结出的榛果被一条鲑鱼吞食，鲑鱼由此获得了宇宙的智慧。这条鱼最终落入英雄芬恩的腹中，智慧随之由他继承。诺曼人会用一根榛树棍碰触奶牛三下使它下奶，而在德国人的婚礼上，人们则会抛洒榛果。

紫杉

紫杉结出的浆果有毒，这使它自古以来成为死亡的象征。然而这种常青树跻身树龄最长的树木之列，也可以用来表示长寿。这两种传统解释了延续数世纪之久、在墓园内种植紫杉的英国风俗。其他长青树木的枝干通常被砍伐下来装点圣诞节期间的房屋，唯独紫杉被排除在外，人们担心它会在来年给家人带来厄运。

柏树

长期以来，莎士比亚的“柏棺”让人联想到死亡，柏树也曾是希腊统治冥界的哈迪斯的圣树。不过在亚洲，它却象征长寿。位于伊朗的“阿巴丘柏树”拥有长达 4000 年的树龄。

橄榄树

橄榄树提供了烹饪的食材与照明的油脂，是雅典娜的圣树。它同时也是和平的象征，正是一枝橄榄叶，向诺亚宣告，上帝的怒气已经消退（《创世纪》）。

红杉

巨大的红杉在太平洋西北部的土著民族中是团结的象征，它那富含纤维的树皮和柔韧耐用的木材使它长久以来被这些民族用作主要原料。绘有纹章的神圣氏族杆（即“图腾柱”）至今仍取材于红杉。

白蜡树

北欧神话中的世界树尤克特拉希尔是一棵白蜡树，它的根部直抵阴间的三条溪流，树冠覆盖整个天界。它代表所有存在的统一。在希腊人眼中，白蜡树象征力量，是制作矛柄的原料。

雪松

雪松身形高大挺拔，树龄极长，木材散发清香气息且具有非凡的耐用性，这些品质使它成为长寿、永恒、天庭或灵性世界的代表。所罗门王的圣殿就有一部分以雪松为原料。

无花果树

无花果树在许多地区是关键的食物来源，象征营养、富足、繁衍。它在埃及和亚洲大部分地区是生命之树，在伊斯兰教中是天国圣树。佛教徒尊奉此树为佛陀在菩提树下觉悟成道的象征。

桑树

桑树的甜美果实初呈青白二色，而后渐转红色，最后加深至紫黑色，这个过程象征了生命的不同阶段：年幼纯真、青春活力、衰老消亡。在中国的神话故事中，桑树是宇宙之树：太阳栖息在一棵巨大的桑树上，远在东方的地平线之外。

柽柳

沙漠柽柳传说来自天国，一直是近东地区备受尊崇的传统树种。《圣经》中的据传就是柽柳的甜蜜树脂，亚伯拉罕曾在别是巴种下一棵柽柳。另外流传着一种说法，称伊甸园中的智慧树其实是一株柽柳。在中国，柽柳和松树一样，都是长命百岁、能屈能伸的象征。

杨树

在美国独立战争期间，生长迅速的杨树和其他一些树木被广泛种植，象征“成长的自由”。法国革命者也纷纷效仿，并用三色的丝带和“自由帽”装点树枝。

柳树

在中国，柳树是灵活柔韧的象征，且具有守护的功能。一节柳枝可以驱逐邪灵，佛教的观世音菩萨使用柳枝抛洒甘露于穷苦病人的身上，治愈他们的疾病。《圣经》中描绘了悲伤欲绝的以色列人将竖琴挂在巴比伦的水边柳树上的场景，从此垂柳也被赋予了哀悼的意味。在英国，无论是在家中燃烧柳条，还是用柳枝放牧，都被视作不祥的举动。

卡巴拉

卡巴拉是从中世纪的犹太教演化出的秘传智慧传统，但它的源头其实可以追溯到古代犹太人的神秘主义。卡巴拉的核心经典是*Zohar*（《光辉之书》，又称《光明篇》），1200 年，由摩西·莱昂用阿拉姆语在西班牙书写而成。卡巴拉本身是希伯来语汇，意指“口头的传统”，卡巴拉的传说声称首个获得秘密智慧的人是亚当。但自从人类堕落之后，这种智慧也随之消失，直到犹太人的第一任族长亚伯拉罕从祭司兼国王的麦基洗德那里获得启发（如右图所示）。

卡巴拉提供了一套艰深复杂的符号体系，解释了宇宙的起源，以及上帝、人类及物质世界三者之间的关系。根据卡巴拉的教义，所有现象都源于 Ain Sof Aur，或称“无限之光”，这是对作为万物第一推动力的上帝的神秘称谓，它既非物质也非精神，而是两者的源头。无限之光发散开去，生成十个序列（即 sefirot 或“源质”）组成的显性宇宙，自 Kether（王冠）始，以 Malkuth（王国）终，后者是显性现象的世界。每个源质代表以自己的形象创造宇宙的上帝的不同侧面。借着考察源质深奥的象征系统，摸清源质之间极度复杂的关系和联系路径，即可获得灵性的启示。所有这些都可以被形象地绘制在卡巴拉的“生命之树”上。

源质与脉轮系统类似，后者也以直观的圈图来描绘精神的上升。两者不仅对物质和精神的关系提供了象征性的解释，也指出了人类升华的途径。源质还与塔罗牌中的大阿卡那牌和众多神话原型都有关联。

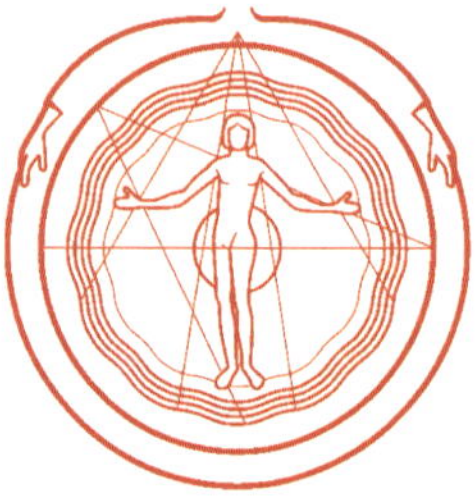

原人亚当

在卡巴拉体系中，人类的原型是原人亚当，他是创造之初的原始存在。他代表形态最纯净的人类，是我们内在神性的象征，只有通过内心的冥思才可企及。

四字母词

四字母词是上帝的神名，在希伯来语中写成四个字母（YHWH）。这四个字母被赋予神奇的力量，是神圣的存在，永不可诉之于口。

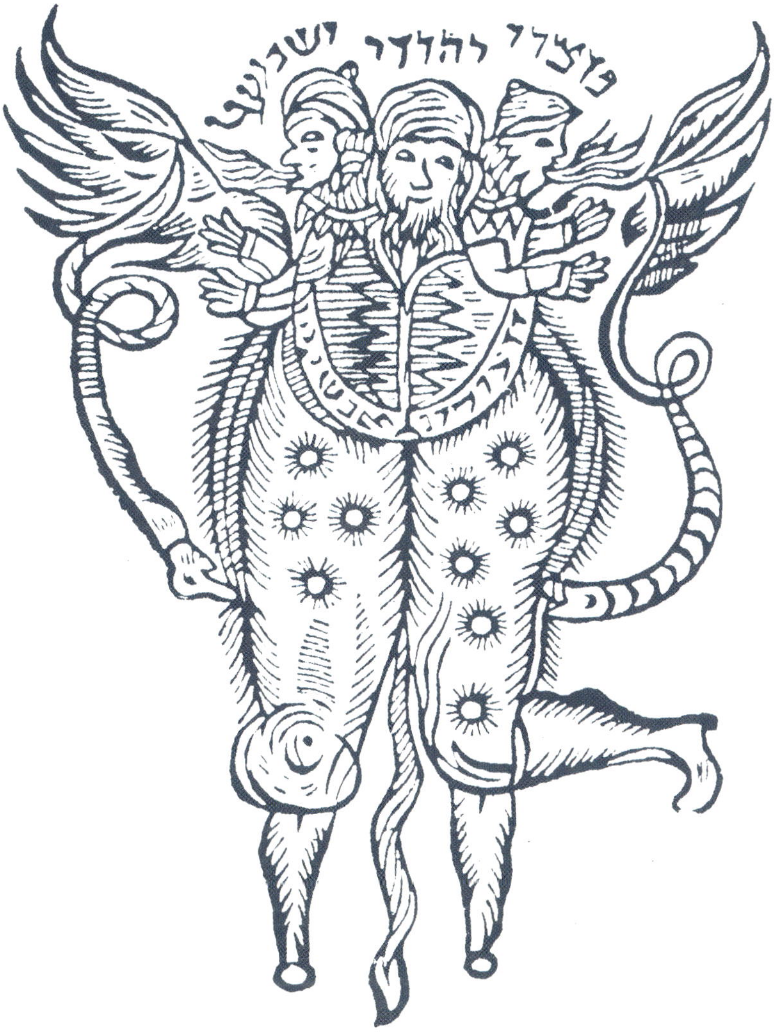

信仰的统一

对卡巴拉信徒而言，上帝是永恒不变的。18世纪，这个反映三大信仰大一统的符号由一位名为雅各布·埃姆登的拉比创作完成。

四个世界

卡巴拉认为，自“无限之光”和物质世界之间，还存在着由上至下的四个世界或层次。每个世界都或多或少有十个源质，都与四字母词中的一个字母产生神秘的关联。第一个世界 Atziluth（发散）是四个世界中最纯粹的世界，充满“无限之光”的无限光芒。第二个世界是 Beriah（创造），这里是大天使的家园，造物由此开始，但没有形成显性的形态。形态要到第三个世界 Yetzirah（形成）才能成形，这里是生命之树的源质“基盘”。显现的进程在第四个，同时也是“密度最高”的世界 Assiah（行动）才算彻底完成，Assiah 分为精神和物质两个层次，后者即我们熟知的物质世界。

Kether

“王冠”

第一层：蕴含一切存在的潜能，发散着“无限之光”。

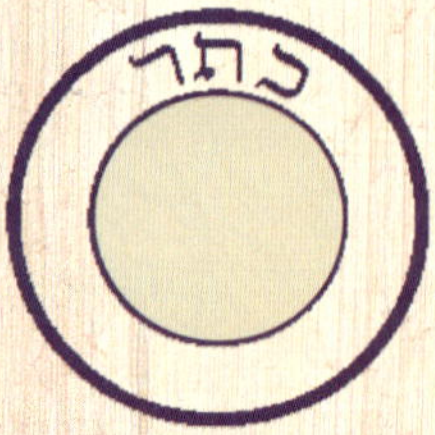

Hokhmah

“智慧”

第二层：形成的种子，有人将其解读为创造的神秘“父亲”。

Binah

“理解”

第三层：形成的子宫，或称创造的神秘“母亲”。

Daat

不算严格意义上的源质，而是十个源质的统一。

Hesed

“恩典”或“仁慈”

第四层：普及宇宙、毫无保留的神性仁爱。

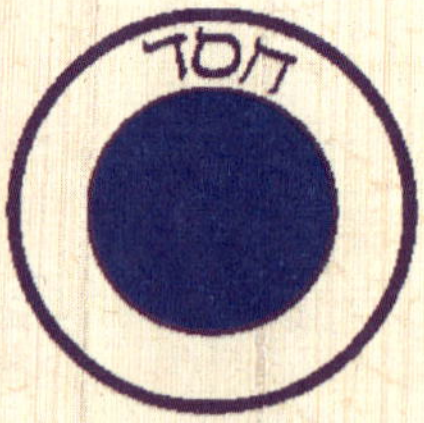

Gevurah

“力量”或“正义”

第五层：上帝铁面无私的审判，与 Hesed（慈悲）形成平衡。

Tiferet

“美丽”或“和谐”

第六层：一切创造物都被赋予的品质。

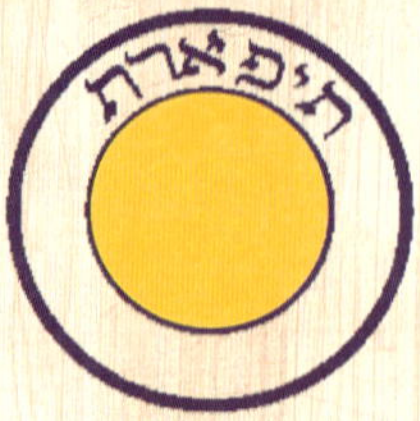

Netsah

“胜利”或“持久”

第七层：形成的门槛，也被称作“无穷的现在”。

Hod

“光辉”或“庄严”

第八层：创造的荣光，神的礼物——形态即将形成。

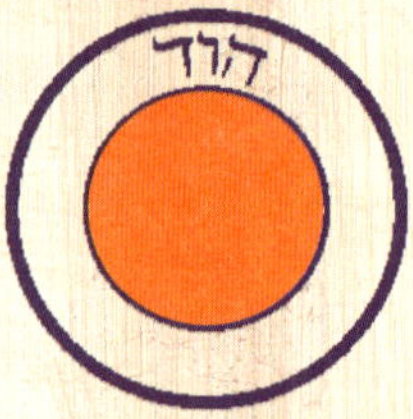

Yesod

“基盘”

第九层：精神转化为物质，实在之物正在形成。

Malkuth

“王国”

第十层：物质的王国；神在现实存在中的展现。

三支柱

分别是神的意志（中间）、正义（左边）和慈悲（右边），也可视作中性（中间）、女性（左边）和男性（右边）。三根支柱由三十二条路径相连。

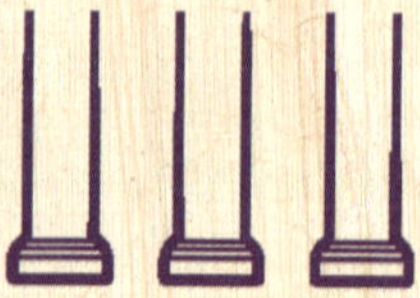

כתר
PRIMUM MOBILE
IPSISSIMUS
The Crown.
11. The Fool (O)
12. The Magician (I)
13
חכמה
ZODIAC
MAGUS
Wisdom
בינה
MAGISTER TEMPLI
Understanding
14. The Empress (III)
The High Priestess (II)
Knowledge
BASE OF THE ABYSS
15 The Emperor
16. The Hierophant (V)
17 The Lovers
18. The Chariot (VII)
גבורה
ADEPTUS MAJOR
Severity
19. Strength (VIII)
חסד
ADEPTUS EXEMPTUS
Mercy
22. Justice (XI)
20. The Hermit (IX)
תפארת
ADEPTUS MINOR
Beauty
23. Hanged Man XII
Wheel of Fortune.
21.
24. Death (XIII)
25 Temperance
26. The Devil (XV)
הוד
PRACTICUS
Splendour
27. The Lightening-Struck Tower (XVI)
נצח
PHILOSOPHUS
Victory
30. The Sun
28. The Star (XVII)
יסוד
THEORICUS
Foundation
31 The Last Judgement (XX)
32. Universe (XXI)
The Moon (XVIII)
29
מלכות
ZELATOR
The Kingdom
SEVERITY
BALANCE
MERCY

果实

浆果

浆果往往呈现深红的色泽，使人联想到生命或鲜血。在基督教传统中，接骨木的浆果有悔恨的含义，据说犹大就是在一棵接骨木的树枝上自缢身亡的。

果实，作为装载种子的容器，几乎不言自明地代表着累累硕果，象征着大地的慷慨与丰饶。传统的画家会用“丰饶之角”展现流泻出来的品种丰富、数量繁多的果实。然而，果实也背负着消极的一面，最突出的例子就是《创世纪》伊甸园中那棵“区别善恶的智慧树”所结出的“禁果”。根据基督教的传统，人类的原罪始于偷食禁果的亚当和夏娃，他们为此失去了原始的纯真；犹太教则认为这个行为引发了一系列人类忤逆上帝的行为。《圣经》当中没有说明智慧树属于何种树种，但是基督教的艺术（尤其是西方的艺术）倾向于将禁果描绘成一只苹果。男人的“亚当的苹果”（喉结）这一说法，据传源于一小块禁果卡在亚当的喉咙里的传说。在这背后还隐藏着一个拉丁双关语：malum，它具有“苹果”和“邪恶”的双重含义。不过，也有作家认为这棵树是罗望子树、无花果树等其他树种。

果实与性有关，主要有两个原因：一是它作为满载种子的新生命创造者的角色；二是它的外形，如香蕉这类无核无籽的水果。

梨子

罗马人使用同一个单词（pirus）来表示梨子和男性外生殖器，这个联系一直延续到文艺复兴时期。在希腊神话中，梨子是女神赫拉和阿佛洛狄忒的圣果；它在罗马神话中则是女神波摩纳的圣果。

静物

17 世纪的欧洲，艺术家们大量运用果实来表现上帝造物的慷慨丰饶，但是往往也会将死亡的主题暗藏其中，有些艺术家表现的果实已经完全熟透，正处于腐烂的最初阶段。

石榴

这种多籽的水果不仅是孕育的象征，也是诱惑的化身。希腊丰收女神德墨忒尔有一个女儿叫珀耳塞福涅，她吃了六粒石榴籽，并因此遭到冥王哈迪斯的劫持。

桃子

桃子在中国和日本是代表长寿的吉祥水果，在基督教中却拥有截然不同的意义：一只桃子如果附带一片桃树叶，就成为诚实的象征。这是因为古人曾用这一形象来象征舌吐真言。

无花果

无花果与性相关，属于酒神狄俄尼索斯（巴克斯）的圣果。萎缩的无花果象征着因异端的侵蚀而枝干衰颓的教会。无花果在佛教中却是神圣的，佛陀在其下觉醒、悟道的那棵菩提树就是无花果树。

苹果

苹果除了代表原罪之外，在西方还拥有其他丰富的象征意义。赫斯珀里得斯的金苹果是永生不朽的水果。基督教学者俄利根将《雅歌》中提到的苹果解读为上帝的甜美饱满的圣言。

柠檬

柠檬的味道既甜蜜又刺激，它的花朵娇弱不堪，结出的果实却外皮坚硬果肉多汁，是经历风雨却坚定不移的爱情的象征。

葡萄

在“最后的晚餐”中，曾将葡萄酒比作耶稣的鲜血，葡萄不但象征耶稣的鲜血，也象征他的复活。此外，它还有纵情狂欢的意味。在希伯来语的《圣经》中，葡萄藤是上帝恩赐的富足。

东方的水果

在中国，荔枝（直到现代以前，西方世界对这种水果都十分陌生）是好运的象征，因为它的发音酷似汉语中的“多利”一词，它也与另外一个表示早生贵子的词发音相仿。类似的还有苹果，它有和谐的含义，因为它与“平和”一词的汉语发音相近。中国人非常看重这样的双关语，没有哪对情侣愿意分享一只梨子，因为这种水果与表示“分离”的汉字恰好同音（不过，因为梨树能够存活很久，它又有了长寿的引申意义，而长寿是中国传统的主要福气之一）。樱花是日本的国花，是武士阶层的象征，它那短暂又惊心动魄的美丽象征着武士转瞬即逝的生命，而樱桃压碎的鲜红果肉则代表浴血的自我牺牲。

杏

中国人将杏与教育联系在一起，孔子据说就是在一棵杏树下教授弟子的。

香蕉

香蕉树结出无籽的果实后枯萎死去，佛教徒视它为世俗利益终归于空的象征（这种植物其实靠地下的根茎繁殖）。因为形似男性生殖器，所以它也经常与性联系在一起。

海枣

海枣是棕榈树的果实，棕榈树是巴比伦人的圣树。在希伯来圣经中，它代表正义的公民，受到上帝的赐福。在伊斯兰教中，它和玛利亚的名字联系在一起，根据《古兰经》的记述，玛利亚是在一棵棕榈树下生下了耶稣。

枣

汉语的“枣”和表示时间的“早”发音相似，这种果实因而用来表达希望新娘早生贵子的愿望。

橙子

橙花是婚姻的标志，按照习俗，新娘要佩戴橙花在身上。它的形状和颜色也让人联想到太阳。

柿子

柿子生时涩口，及至成熟，甜度急剧增加，佛教徒将这种水果视作灵性转化的象征。

充足丰裕的果实

丰裕之角能够源源不断地生出无数的果实，传说它是一只羊角，属于曾用乳汁哺育宙斯的山羊仙女阿玛耳忒亚。它是丰饶女神德墨忒尔（即罗马神话中的刻瑞斯）的化身，是艺术家喜爱表现的对象，常与它一同呈现的神明包括葡萄酒与狂欢之神狄俄尼索斯（巴克斯）、花之女神佛洛拉，以及福尔图娜、帕克斯、孔科耳狄亚等一众神明。它作为富裕的普遍标志，出现在美国新泽西州、北卡罗来纳州、爱达荷州的徽章上，连一些国家的国徽上也有它的身影。

女神波摩纳所到之处，身边总会有一篮水果，这篮水果也是味觉的标志。天使们会将水果送给荒野中的耶稣基督。一碗水果既可指代慈善的美德，也可指代暴食的恶习。

香橼

香橼状似大个的柠檬，是犹太教的圣果。香橼的一个变种从底部抽拔出手指状的果肉条，因其形似佛陀成道时“触地印”的手势——触碰地面以地为证，所以在中国有“佛陀的手掌”（佛手）的称号。佛手的汉语谐音使它又可以用来象征幸福（佛）和长寿（手）。佛手、桃子、石榴三者合称“三多”，分别代表多福、多寿、多子。

草莓

草莓的外形色泽红艳，体态丰满，使它成为女性的象征，同时还是罗马爱神维纳斯的古老化身。在法国的部分地区，新人要共饮一碗草莓汤，以此催情。此外，民间流传着另外一个传说，一对男女分食同一颗草莓，各吃一半，就会陷入爱河。草莓是夏季时令的水果，经常出现于与太阳有关的神话中，在美洲土著的传说中，它就是太阳的化身。

菠萝

石雕的菠萝常被误认作松果，装饰在欧洲 18 世纪诸多宅邸的墙壁或门柱之上。在当时的欧洲，鲜少有人消费得起这些从热带地区漂洋过来的水果，或者长在玻璃暖房里的菠萝和其他异域水果。菠萝因其昂贵的价格成为多数人无福享用的禁果，自然而然地成为了财富和热情好客的标志。

栗子

在中国，栗子谐音“立子”，有喜得贵子之意。在苏格兰，情侣们常会在万圣节前夜将两颗栗子并排放在火中烤炙。倘若两枚坚果相安无事各自燃烧，恋爱就会甜蜜进行下去；若是其中一枚爆裂则代表两者将会分离，恋爱多半会无疾而终。

核桃

坚果一般指向生育和新生。尽管作家老普林尼警告说核桃树的树荫对人有害，罗马人却食用炖煮的核桃提高生育能力。封藏在坚硬外壳之内的果仁象征难以获取的深奥智慧。有传说称，在核桃树下入睡，就会梦到来年将要发生的一切。核桃在艺术中可以用来表现耶稣基督，圣奥古斯丁做出如下解释：坚果的绿色外皮是基督的凡胎肉身，外壳是十字架的木料，而果仁则代表他的神性。基督的追随者可以表现为一只试图撬开核桃的小鸟或松鼠。

梅子

对美洲土著波尼族印第安人而言，野生的梅子是生育的象征。它的未成熟的果实代表老师教授的学生。梅子在基督徒的眼中是忠诚和独立的代表。

红辣椒与西红柿

一些原本独属美洲大陆的食物也传播到了世界各地。在印度，人们会在交通工具和房屋之内挂红辣椒和酸橙，借以驱逐恶灵。第一批人工种植的西红柿可能出自阿兹特克人之手。西红柿名叫 tomato，个头娇小，色泽发黄，因此，它在传至意大利之初，得到了 pomodoro（金苹果）的美称。美国西南部的普韦布洛印第安人在占卜的仪式中会使用西红柿的种子。

樱桃

樱桃在基督教的传统中是“天堂之果”。在“圣母和圣婴”题材的绘画作品中，圣婴耶稣往往做出手捏樱桃的姿势，樱桃象征天堂和美德的回报。

酸橙

酸橙在印度象征着可以驱逐恶灵，大概由于它具有一股刺激的气味。18世纪，英国每天为其海军定量提供酸橙，用以防止坏血病的发生。

柑橘

远东地区的象征系统中，橘子不是西方世界简单统称为“橙子”的诸多品种，一般是指柑橘或蜜柑。它们是好运的象征，这是由它们金黄的色泽和完美圆润的外形决定的。

柚子

这种个头较大的黄色水果在中国的春节上扮演重要的角色，是财富和昌盛的象征；它的颜色灿如黄金，名字（柚）与“有”谐音。

温柏

在爱德华·李尔的笔下，他的那一对新婚的猫头鹰和猫“吃了肉末和几片温柏”；温柏是婚姻的古老象征，是阿佛洛狄忒（维纳斯）和狄俄尼索斯（巴克斯）的圣果。

西瓜

在墨西哥的艺术中，西瓜与亡灵节密切相关，西瓜常常被描述为“鬼魂的食物”。汉语中“籽”和“子”同音，因此，西瓜和其他多籽的水果传达出多子多孙的祝愿。

花卉与植物

花卉与植物是全世界通用的装饰主题（右图所示为印度的大理石镶嵌装饰），而它们传达的象征意义几乎难以穷尽。这些意义往往源于它们的外形（三瓣的花朵代表“三位一体”）和颜色（黄色的花朵让人不禁联想到太阳）。多数植物的象征意义根植于自然界“对应”的古老理念，在这个理念中人类居于焦点的位置。因此，一种植物的外形和颜色就是它的适用药效的“标记”或符号。例如，人们用开红花的药草来治疗猩红热或者血液方面的疾病，而一块形似脚足的根则可以用来治疗痛风。

大部分花卉都在春天和初夏时节竞相怒放，因而成为这个时期的象征。它们还可以用来比拟存在的短暂。正如《公祷书》所言，人类“出生，又如花一般陨落”。这是文艺复兴时期的诗人运用的修辞，敦促爱人快快点燃心中的爱火，莫等青春和美丽鲜妍不再，褪色为莎士比亚笔下的“那朵芳华残败的紫罗兰”。

作为符号，没有哪种花卉可以与玫瑰相媲美。单单基督教的传统就为玫瑰提供了精彩纷呈的象征意义。据说，玫瑰刚被上帝创造出来时是没有刺的，刺是在亚当和夏娃堕落之时添上的，代表人类纯真的丧失。无罪的圣母玛利亚就是“一朵无刺的玫瑰”。红玫瑰还是殉道的象征，它那妍丽的色泽据说是耶稣基督的血染成的。

百合

白百合代表清纯和贞洁，它是“天堂的百合”圣母玛利亚和其他贞洁圣徒的标志。在描绘天使报喜的作品中，大天使加百利往往手持一朵百合，这朵百合象征玛利亚即将奇迹般地受圣灵感孕。百合在其他传统中还与孕育相关，这大概是由于未开的百合花蕾状似男性生殖器。

菊花

菊花的名字意指“黄金之花”，花期不在夏季，而在深秋初冬时节，因而在远东地区的传统中它是长寿的象征。菊花在中国还具有完美和学识修养的内涵，因为“菊”与“俱”和“聚”的汉语发音一致。菊花是日本国徽的图样，象征着是太阳的化身。代表日本皇室的高御座也被称作“菊花宝座”。

水仙

在希腊神话中，那耳喀索斯拒绝了仙女厄科的爱意，厄科在痛苦的煎熬中日渐憔悴。神明们为了惩罚这个年轻人，让他爱上自己的倒影，可是当他也在消瘦中死去时，又得到了神明们的同情，神明将他变成一朵水仙，水仙从此成为早夭的象征。

花语

在维多利亚时期，情人和挚友之间流行通过花束传达的密码进行交流。在那个表达亲密的更为直接的方式往往难以呈现的时代，这绝不仅仅是古朴典雅的消遣而已。绝大部分“花语”源自传统的花卉象征体系。三色堇表示念念不忘某位朋友或爱人。不同色泽的玫瑰传达出不同程度的情感，白玫瑰象征天真纯洁；黄玫瑰象征真挚的友谊；鲜红或深红色的玫瑰代表澎湃的激情。插花的艺术如今更着重审美的考量，但仍然可以带有传统的花卉象征意义。代表童贞纯洁的白色花卉至今仍旧是婚礼上的传统点缀。

日本也有类似的花卉密码，称作“花语”，适用的范围却不局限于恋人之间，武士阶层往往采用花卉作为纹章。到了现代，日本的花语融入了大量的西方花卉的象征意义。

银莲花

银莲花意指“风之花”，这种花期极短的花卉代表生命的脆弱与短暂。根据古老的传说，银莲花代表死后复活的神明。它生长在女神阿佛洛狄忒的恋人阿多尼斯丧生的地点，也出现在描绘耶稣受难的作品中。

紫罗兰

娇小玲珑的紫罗兰代表谦逊的品质，它也是孩童时期的耶稣的化身，耶稣的智慧足以使神殿的导师为之震惊，但他依然对自己的父母十分恭顺。花朵的颜色类似于帝王之色的紫色，暗示基督万王之王的地位，但它同时也是哀悼的颜色，暗示基督后来被钉死在十字架上。

玫瑰

玫瑰代表宇宙的中心，神秘的心脏。白玫瑰是完美、纯洁、天真的象征，红玫瑰则象征着火热的心和性欲的渴求。红玫瑰也是爱之女神维纳斯的圣花，玫瑰的刺表示爱之苦痛。

黄水仙

黄水仙一度被认为是厄运的标志；它若是被带进一个英国家庭，就意味着家禽都会绝育。它的名字取自希腊神话中的冥界之花金穗花。

蒲公英

这种常见的花卉生有锯齿状的叶子，因此被命名为“狮子的牙齿”，又因为味道苦涩，成为基督教代表悲伤和哀悼的符号。对着蒲公英干枯的种子头吹气，是预测爱情的传统方式。

雏菊

雏菊的字面意思指“白昼之眼”，是太阳的化身，随着太阳的升降朝开暮合。因此，它具有对抗魔法的效能：雏菊花环一度被认为是可以保护孩子不被精灵偷走的代表。

三色堇

园艺三色堇的野生亲属有两个名字：一个叫作 heartsease（意指“心平气和”），得名于它的药用疗效；另一个叫作 pansy（法语的 pensée，意指“思想”），名字由来于它在 8 月时会频频“点头”，露出一副陷入沉思的姿态。它是思想和美好回忆的象征。

康乃馨

康乃馨即石竹，它的某些象征意义与玫瑰重合，白色代表纯洁，红色代表激情。康乃馨是母亲与母爱的象征，是圣母玛利亚的化身。15 世纪至 16 世纪，在尼德兰艺术中，它是婚约和婚姻的象征。它指向母亲和婚姻的意义在拉斐尔的《粉色圣母》中得到呈现，画中的康乃馨点出玛利亚作为耶稣的圣母和上帝的新娘的双重身份。

莲花精神的礼赞

莲花又称荷花，它从池塘或湖泊底部的淤泥中抽芽，穿透浑浊的水流，沐浴在水面的阳光中绽放花颜，因而成为象征创造和灵性上升之进程的广泛标志。在古埃及，莲花是创造的象征，而第一位神明就诞生在从原始的海洋“努恩”升起的一块土堆上。它还是法老统御的“上下埃及”中位于南部的上埃及地区的纹章图样。在印度教的传说中，在循环创造的间隙，毗湿奴躺在一条漂浮于混沌之海的千头巨蛇身上休憩，一朵莲花从他的肚脐长出。从花瓣内蹦出了梵天，他会充当造物主的角色，让世界开始下一次循环。花瓣数量不同的莲花代表主要的脉轮或人体能量中心。

莲花是佛教的中心主题。佛陀（如左图所示，手持一朵莲花花蕾）将这种植物的生命周期比作从无知（混沌的深渊）通往清醒的觉悟之路，而莲花在佛教艺术中俯拾皆是。佛陀与其他悟道的存在往往高坐于莲花宝座之上，或者头部笼罩在莲花花瓣的光轮之内。藏传佛教最尊崇的一句咒语“唵嘛呢叭咪吽”就将佛陀的珍贵教诲比作莲花（叭咪）内的一颗明珠（嘛呢）。

牡丹

古人携带这种明艳动人的花卉的种子用以驱邪。牡丹的英文名源自神医派翁，他治愈了特洛伊战争中负伤的众神。牡丹因其鲜妍奔放的色泽受到世人喜爱，在中国，它是帝王之花，代表皇权、荣耀、高贵、财富以及春天的欢愉。

向日葵

向日葵笔直挺立，将面庞转向太阳，因而既是太阳的象征，又是奉献的传统标志，这种奉献尤指臣民对君王的忠诚、基督教徒对教会的虔诚。它还是繁殖、潜力与重生的象征，这一切全系于它那布满密密麻麻的种子的硕大圆盘之上。美国的堪萨斯州又称“向日葵之州”。

常春藤

在某些传统中，冬青和常春藤分别是男人和女人的化身，两者都是长青的植物，代表在数九寒冬顽强维持的生命。但是常春藤具有毒性，作为圣诞节的装饰，它只能放在室外，以免带来厄运。与此同时，一位苏格兰的姑娘倘若在胸前簪上一片常春藤的叶子，就代表会很快遇上她未来的丈夫。

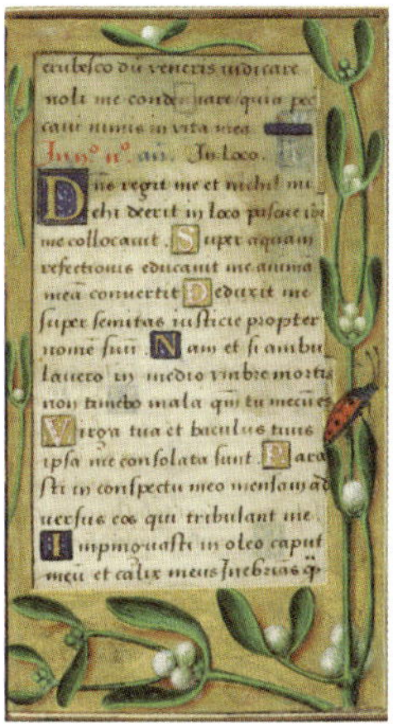

erubesco dū veneris iudicare
noli me condēnare quia pec
caui nimis in vita mea
Inuͦ nͦ. aīi. In loco.
Dn̄s regit me et nichil m
Dehi deerit in loco pascue ibi
me collocauit. Super aquam
refectionis educauit me anima
meā conuertit. Deduxit me
super semitas iusticie propter
nomē suū. Nam et si ambu
lauero in medio umbre mortis
non timebo mala quī tu mecū es
Virga tua et baculus tuus
ipsa me consolata sunt. Para
sti in conspectu meo mensam ad
uersus eos qui tribulant me.
Impinguasti in oleo caput
meū et calix meus inebrians q̄

槲寄生

槲寄生在隆冬时节绽放黄色花朵并结出白色浆果，因而成为自然持续的潜能和繁殖力的象征。它被古凯尔特人的德鲁依教士阶层奉为神圣，他们使用黄金镰刀只从橡树上割取这种寄生植物。根据普林尼的说法，他们用它制作促进生育的药水。

罂粟花

罂粟花是希腊大地女神德墨忒尔的圣花，大约是它的麻醉功能使它象征死亡与重生之间的记忆遗忘。罂粟花也被用作纪念战争的符号（上图），这始于18世纪约翰·麦克雷在创作的诗歌的开头：“在佛兰德斯战场，罂粟花随风飘荡，一行又一行，绽放在逝者的十字架之间。”

兰花

兰花在远东地区凭借其纤袅的香气获得优雅之花的美誉。它既可表现爱情和女性的柔美，又可体现绅士的高贵格调。不过，兰花也被认为具有防止不育的功效，因而与繁殖方面联系紧密。这种联系在西方也有迹可循，兰花的英文名源自希腊语（orkhis），意指“睾丸”，而兰花的清丽的形象又使它成为灵性与纯洁的化身。

金盏花

金盏花花色鲜亮，或橘或黄，是太阳的花卉、印度神明的圣花，无以计数地出现在印度的仪式和节日上。在中国，它又被称作“万寿菊”，是长寿的标志，被绣在龙袍之上。在基督教传统中，它代表圣母玛利亚，因而得名“Mary gold”（金色玛利亚）。

山茶花

山茶花是常绿植物，在中国代表美丽与持久，它绽放在初冬时节，鲜红的花朵喜气洋洋，是春节常见的装饰。可它到了日本，却成了意外身亡的预示。

天芥菜

天芥菜是太阳的象征，它的名字就是指“面朝太阳”。克里提厄惨遭太阳神阿波罗抛弃之后，变成了一株天芥菜。天芥菜是罗马皇帝皇冠上的装饰，在基督教艺术中代表对上帝的虔诚信仰。

风信子

海辛瑟斯是太阳神阿波罗挚爱的少年，他被铁饼意外砸中身亡；在他鲜血流洒的地方一株风信子破土而出。风信子从此成为春天的象征，太阳（阿波罗）带来了春天的新生。

茉莉花

在阿拉伯语中，芬芳馥郁的茉莉花是“神明的礼物”，在东西方都用来象征女性的优雅和美丽。在基督教传统中，茉莉花是圣母玛利亚的化身，而在泰国则是母亲之花。

三叶草

三叶草是爱尔兰的国花，传说圣帕特里克用三叶草向爱尔兰人讲解圣三一，“三位一体”的理念。长有四叶的三叶草是有名的可以破除魔咒的强大护身符。

紫藤

这种花在日本叫作 fuji，每年的 4 月和 5 月都会举办各式各样的紫藤祭典庆祝它的盛放。紫藤具有忧伤的情调，传达爱已逝心永恒的意味。

玫瑰十字主义

玫瑰十字主义用来指由“基督徒罗森克洛兹”创建并一脉相承的秘传社团秉承的信仰和惯例。开创者的名字具有象征意义：“罗森克洛兹”意指“玫瑰色的十字架”，这其中，十字架显然是基督教的核心象征，而玫瑰则是基督教和炼金术的重要意象。这个神秘的基督教社团吸纳的社员包括哲学家和炼金术士，并首次在一本《兄弟会传说》的手册中宣告它的存在。1614年，该手册在德国匿名发表，以高度隐喻抽象的语言描述“基督徒罗森克罗兹”是如何发现古老智慧和魔法知识的。至此之后，《兄弟会自白》和《基督徒罗森克鲁兹的化学婚礼》相继问世，后者是一本炼金术寓言，描绘神秘仪式的演变进程。

玫瑰十字主义基于这样一个理念，人类自堕落伊始就是不洁的，然而却可以通过一系列启示，上升到觉悟的层面重获纯洁；在这个层面，人类可以了解宇宙的种种奇妙之处，洞察以玫瑰十字架（如下图所示）为象征的核心。由此，社团成员们便有了对精神和肉体的双重转变的追求。玫瑰十字架是一个复杂的符号，简而言之，它表示对灵与肉的纯洁的追求，而对那些希望在追求大道中取得进益的人而言，生活的纯洁至关重要，因此，玫瑰十字架也代表对纯洁生活的追求。

玫瑰十字主义好似炼金术的皇皇巨作，吸引了众多炼金术士，玫瑰十字会的成员会使用大量炼金术的象征符号，也就不足为奇了。后文中的版画摘自《十六至十七世纪间玫瑰十字会的秘密符号》，图画采用“哲人山峰”的象征形式刻画了灵性进阶的过程。

微观宇宙的人类

玫瑰十字会微观宇宙的人类由天使撑扶，脚踩地球王国，智慧的头脑沐浴在天光之中。六芒星传达赫尔墨斯主义的公理：“上行，下效。”

玫瑰心脏

玫瑰十字架有时和心脏一同出现。玫瑰十字会的典籍给出这样的解释：一个真正的会员，他的心是向下闭合且向上敞开的，只有这样，才能将世俗的影响排除在外，只迎接神的感召。

洗衣桶

象征以太阳和月亮为代表的天体的外在净化的力量。一位资深的大师在桶中种下一棵灵性的胜利之树。

黑乌鸦

在炼金术中，黑乌鸦代表nigredo（变黑过程）：这是转化的开始。

双翼龙

它自内心的幽冥深处现身，表示尘寰的物质开始化出灵性的形态。

哲人

哲人是山洞的守门人、知识的守护者。

学徒

这三个人物各代表躯体、灵魂、精神：三者必须通力合作，才能实现目标。

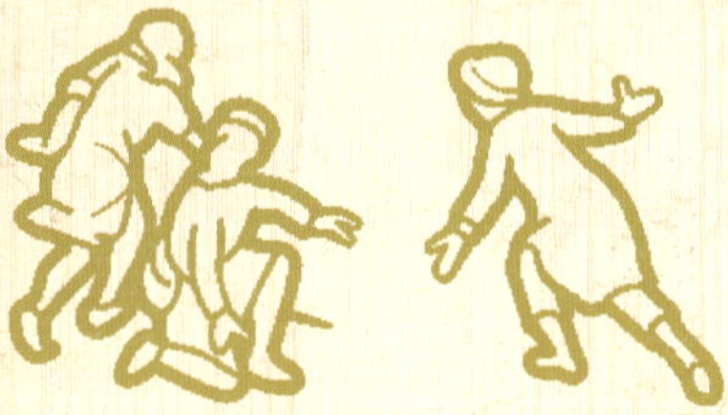

十字圣球与王冠

代表神之国度和追求的终点。王冠是圣父，十字圣球是圣子基督；下方是神秘的“圣灵屋”。红色影射炼金术rubedo（变红）的阶段。

圣三一树

这三颗星星代表一切真理的源泉，“三位一体”的宗教奥秘。

熔炉

精炼过程的内在净化之火。它和洗衣桶一样，都是《圣经》中的意象。

白鹰

在炼金术中，白鹰代表nigredo（变黑）之后的albedo（变白的阶段）：转化之点就在眼前。

狮子

它是王室城堡的守卫者，掌控晋级的最后阶段，是真理、权力、力量和警觉灵性的化身。

母鸡

孵蛋的母鸡象征追寻者对精微的谜题进行耐心的沉思。

野兔

象征挖掘神圣真理的炼金艺术，同时也代表灵性追寻者的机敏的头脑。

黄金黎明

玫瑰十字主义影响了大批致力于仪式魔法的社团的礼仪；所谓仪式魔法，是指运用具有魔力的符号、典礼、仪式，探求超自然的奇妙知识。这些神秘社团中最具影响力的要属黄金黎明协会，1888年，该协会在英国成立，追随者包括威廉·巴特勒·叶芝和阿莱斯特·克劳利。黄金黎明会员的晋升之道共分十个等级，这十个等级基于卡巴拉树的源质理念创建。然而，这种上升晋级的理念却反映了玫瑰十字会的惯例。玫瑰十字会还影响了前七个等级的仪式，它们合称“红色玫瑰与金色十字”。成长的意志是关键所在，意志的缺失会使任何道路都不可行，成功将化作泡影。魔法师可以通过意志操控仪式召唤来的超自然力量。如右图所示，这幅德国版画显示了这种意志（Wille）如何成为一股既可行善（Wohl）又可作恶（Wehe）的力量。

园林

最早见于记录的园林要数古埃及的园林，出现在 3500 年前的陵墓壁画中，有花有树，还有鱼儿充盈的池塘。人类最早的种植活动大概出现在新石器时代，那时的人们开始农耕生活收获食粮。从此，园林成为人类定居的标志，与那些靠放牧和打猎为生的族群形成鲜明的对照。园林之内的自然景观是可圈可控并受到限制的，由此，园林被打上了和平、安宁、秩序、安逸、意识等标志，也成为各种装饰图案上长期流行的主题，广泛出现在织物和陶瓷（如右图所示）（瓷砖）上；与之相对的，处在园林围墙和栅栏外的原始森林或沙漠则被打上了混沌、紊乱、不可预知的标签，隐藏着恐怖。从心理学的角度来说，园林代表意识，而荒野则代表潜意识。

园林多半是为躲避凡尘俗务的烦扰而建。它们或像英国的贵族园林那般体现自然浪漫的理想情境，或像法国的园林一般，是秩序井然、对称罗列的表率。又或者，如基督教和佛教僧侣的传统那般，将园林特意设计成可做深思冥想的场所。它们既可象征近东地区和伊斯兰世界的天堂，类似人类曾一度生活并享受过原初幸福的伊甸园；也可代表有福之人死后会去的天国世界，那里是永生的众神的居所。

天堂园林

古代近东地区将天堂理解为一块由四条溪流灌溉的福地，这四条溪流类似伊甸园流出的四条河流。这些溪流将园林划分为四个部分，皆在《古兰经》的伊斯兰Firdous（天堂）中有所说明。伊朗传统栽培的绿洲一般的园林圈养着各色香花，移植有各种果树香料，在人间创造天堂的缩影。单词“paradise”和“Firdous（天堂）”都可以追根溯源到古伊朗的根词pairi-daeza，意指“圈地”。修建于阿格拉的泰姬陵完美呈现了这种天堂般的四分园林。

佛洛拉

佛洛拉（对应希腊神话中的克洛里斯）是罗马神话中的春天与花卉女神，她与伴侣西风之神泽非罗斯生活在一个满是奇花异果，永远春意盎然的园林里。罗马的佛洛拉丽亚节（春天的节日）就是为纪念这位花神而设立的，届时将是一片鲜花与喜气的海洋。波提切利在他的名画《春》（见右图）中描绘了佛洛拉的形象。

客西马尼园

客西马尼园其实是一片橄榄树林。在受难的前夜，门徒们都睡着以后，耶稣在那里独自一人守夜祷告，承受了长达数小时的精神苦痛。客西马尼园是灵性追寻者的“灵魂黑夜”的象征，意味着需经历痛苦的转变，才能获得觉悟与自我的意识。

西方福地

中国民间流传的西王母女仙被尊为“王母娘娘”，居于遥远的西域昆仑山的一处福地，那里也是列位仙人的圣所。西王母负责照管美丽的园林，这些园林中最具特色的是一株蟠桃树，结出的蟠桃可以使人长生不老，诸位男女仙人皆靠它延长寿元。

园中的圣母

封闭式花园被围墙或栅栏包围的满园果香，是圣母玛利亚的传统象征，这种联系始于《圣经·雅歌》。譬如，在描绘天使报喜或圣母与圣婴的艺术作品中，圣母往往置身于一处完美的园林，园林象征她的童贞与无罪成胎（她的受孕没有遭到原罪的玷污，她的子宫是耶稣成长的纯净家园）。置身园林的玛利亚重现了亚当与夏娃在伊甸园纯真生活的原始状态。封闭的园林演变出其他表现手法，既可以将玛利亚绘画于玫瑰树荫的背景之下（玛利亚的名字意指“不带刺的玫瑰”），也可以在画面中添加一只独角兽，代表纯洁与贞洁的象征。

伊甸园

根据《创世纪》的叙述，上帝将人类的始祖亚当和夏娃安置在一处名叫伊甸园的地方。他们在园内与自然和谐共处，过着纯真幸福的生活，不受欲望、焦躁、痛苦、匮乏、死亡的侵扰。伊甸园代表人类与上帝缔结的美好关系，这种关系却因人类的忤逆而遭到破坏，亚当与夏娃受到化为蛇形的撒旦诱惑，偷食了分辨善恶的智慧树上的果实（如右图所示）。在犹太教看来，这种行为为日后人类屡屡违背上帝意志的打开了先河。基督徒则认为，人类从此生来就受到原罪的玷污，直到基督降临才带来了救赎的可能。亚当和夏娃为他们的忤逆付出了代价，他们被驱逐出伊甸园，没能吃到本可以赋予永生的生命树上的果实。伊甸园的故事试图解释人类难逃一死的命运和易入邪道的习性。伊甸园作为失去的天堂的象征源远流长，代表不可企及的幸福与完美的境界。

英国园林

18 世纪，在英国贵族的乡村大宅内，一种新式的园林风格方兴未艾，代表启蒙运动宣扬的自然与理性和谐共处的完美理念。这样的英式园林经过精心规划和栽种，总体呈现不对称、不规则的“自然”格调：大片的草坪覆盖地面，间或点缀人工湖泊或池塘，远景是一片树林。除了这些典型的景象之外，园林中有时还会添加一点罗马元素，打造一处虚假的古典废墟，使人发思古之幽情，喟叹“尘归尘、土归土”。

法国园林

17 至 18 世纪的法国园林遵循高度对称的设计，以宫殿或宅邸为中心，配以沉稳庄重的树栽、秀雅妍丽的花圃、修剪有形的树雕、齐整布列的草坪，以及宽阔敞亮、四通八达的人行道和林荫大道，共同构成一个微型世界。法式园林象征秩序井然的完美社会，而君王或领主则位于社会的塔尖，正如上帝高居于森然罗列的完美宇宙的中心位置。

动物园

我们现在所说的动物园，其雏形是中世纪的户外兽园，园中搜罗了来自异域的动物以及植物花卉。据载，英格兰国王亨利一世曾饲养狮子、花豹、猞猁、骆驼、豪猪，以炫耀自己的国力之强和疆域之广。阿兹特克人也有类似的动植物兼具的园林。蒙特祖马二世是阿兹特克的最后一位君主，他修建了多处象征帝国广阔疆域的游乐园，园里有从帝国各处收集来的动植物。

禅意园林

禅宗的园林将石头、苔藓、灌木、池塘、以及精心铺设，寓意轮回（生、死、再生的循环）之海的砾石做仔细的布局，呈现一种虽不对称却极其和谐的格局，是理想的冥想之地。这种园林以景观的形式表现了佛教禅宗的 wabi-sabi（侘寂）的审美和精神理想，侘寂是“一种朴素寂静的优雅”，来自于达到 satori（开悟）所需的自律。

果园

果园是园林的变体，和园林一样具有丰饶多产、果实累累的象征意义。文艺复兴时期的艺术经常表现的一个主题是果树女神波摩纳，她在自己的果园里得到了乔装打扮的神明维尔图努斯的求爱。

中国园林

中国的园林既包括占地广袤的皇家游乐园林，也包括更为私密的寺庙和私家园林。即使是一座地处闹市的小苑，也要营造一种“人在自然中”的幻觉；亭台楼阁精心选址，可做观瞻自然之用。园林是宇宙的缩影，讲究阴阳调和，具体而言，植物的色泽要有深有浅、光影要明暗兼备、景观要山水相间。

喷泉

喷泉往往是一个正规园林的核心，是生命源泉的化身，代表《创世纪》中描绘的自生命树的根部喷涌而出的天堂之水。它在艺术中也可以用来象征带来青春或永生的泉源。

元素

古代西方的宇宙学和炼金术的传统都认可四重宇宙的观点，这样的宇宙有四个基本方位（东、西、南、北）和四种元素（土、气、火、水，如右图所示）。它们分属物质和精神，以无限的组合方式解释宇宙中的所有现象。与这种四重概念相关的还有季节，四季的象征符号从古典时期一直到巴洛克时代都出奇一致。春天通常是一位妙龄女子，或是女神佛洛拉，或是维纳斯（阿佛洛狄忒），她们都鲜花环身，手持一把锄头或铁锹。一捆麦子、一个水果、一把镰刀是夏天的常见表征，夏天通常由大地女神德墨忒尔（克瑞斯）代表。葡萄藤是秋天的象征，葡萄酒与狂欢之神巴克斯（狄俄尼索斯）往往被刻画成秋天的形象。冬天往往是一位披着斗篷在火边御寒的老人，身边有时有北风神波瑞阿斯或火神伏尔甘（赫菲斯托斯）的陪伴。

中国的宇宙学讲究五种元素或“五行”：木、火、土、金、水。它们本质上都是能量的种类，因此，春天、东方、风属“木”；夏天、南方、炎热属“火”；中央、雷电属“土”；秋天、西方、寒冷属“金”；冬天、北方、雨雪属“水”。

恰克与特拉洛克

玛雅人将频繁的热带降水拟人为雨神兼雷电之神恰克的形象（如下图所示），他是农业的守护神，恩赐给人类第一根玉米。在阿兹特克文明中，与恰克对应的神明是特拉洛克，人们对他毁誉参半，他普降温润滋养的甘露，也兴起灾难性的磅礴暴雨。

风

《创世纪》中记载的创造第一丝萌动的便是上帝在原始的水面上吹起了一阵风。风在古典神话中化身为神祇的形象，诸如春天温柔的西风之神泽非罗斯，冬天寒冷的北风之神波瑞阿斯。埃俄罗斯是所有风向的掌控者，他赠给漂泊在外的奥德修斯一只装有各种不利于航海的风的袋子——结果被一个船员打开了。

洪水

有关洪水的传说在世界各地广为流传，一般都会带来灾难性的破坏，譬如诺亚遭遇的洪水，这些洪水往往是由神祇发动的，而最后都会催生出一个崭新的世界。中国的哲人曾提出“如潮水涌动的气”的概念，指气是可以蓄养的宇宙力量，使人向善“流动”，如同水总往低处流。在佛教中，“被水没顶”这一意象代表着自我的迷失。

雷电

根据美洲土著的传统解释，雷是雷鸟拍打翅膀时发出的声音，而闪电则是它的眼睛迸发出的闪光。这位强大的自然神明往往化身为一只巨鹰（如右图所示）的形象。北美西北部的努特卡人将闪电视作一条名叫海特里克的蛇，这条蛇也是恶风之主。在希腊人眼里，雷雨是天空及天气之神宙斯发怒的标志，他会在盛怒之下投掷重重霹雳。在基督教传入前的北欧，人们认为雷声是雷神托尔用铁锤击打铁砧时发出的巨响，击打时迸射的火花形成闪电。在印度传统中，天空之神因陀罗也扮演着相似的角色，他会舞弄金刚杵或投掷雷电。佛教传统中的“金刚雷”代表澄清透澈、明锐机敏的悟道之心。

土

土和水一样，在西方传统的宇宙学中是消极和阴性的一端。土是凡人的世界，与神性的天体遥相呼应。土是创造之所，在诸多神话中，天神用泥土捏出了第一批人类，而在另一些神话中，创造则始于一片从原始汪洋中冉冉升起的土地。

火

火是积极的阳性元素，代表物质和精神转变的动态进程。家中用于煮饭、取暖、照明的火是联结一个家庭的纽带，代表着家庭成员们共同的价值观。它是人类家庭的传统中心，体现在它的拉丁名（focus）中，意指“壁炉”。

水

水虽属性为阴，呈现消极被动的一面，却具备巨大惊人的力量：或暴烈湍急如海上风暴，或舒缓微妙如在山间开凿溪谷的河流。包括《圣经》和古埃及在内的诸多传统都将创世之前的世界描绘成一片汪洋的虚空，其中孕育着无限的潜能。

气

传统上，气被视作积极的阳性存在，代表天地之间的区域、精神或“以太”的王国。在印度教的传统中，气与生命的气息“梵”相关。在中国，则与无形的生命力“气”相通。云可以是神性的表征或载体，它作为雨水的布施者往往还成为生育的象征。

元素精灵

西方神秘学中的“元素精灵”是分别代表四大元素的精灵：哥布林与地精（土）、西尔芙（气）、人鱼与温蒂妮（水）、沙罗曼达（火）。

彩虹

彩虹在非洲代表万物之母宇宙蛇。这条蛇在非洲中南部地区偕同丈夫闪电之神努库巴划分了世界。彩虹蛇的信仰在澳洲土著民中也广有流传。

旋风

旋风或龙卷风在美洲土著的神话中是伟大神灵的纯粹力量的表现。易洛魁族视旋风哈杜易为疾病和死亡的原始形态。《圣经》中的旋风则是庄严、神性的载体，是联结天地的纽带。

金石

金属、石头、岩石代表恒久、力量、永生，如同图坦卡蒙的黄金面具（如右下图所示）一般，免于死亡和腐朽，与终将腐烂的有机物质截然不同。在希腊人眼中，岩石是原初的大地之母盖亚的骨骼。中国的风水传统对岩石有类似的理解，岩石是化成大地之龙的龙骨。在《圣经》的《诗篇》中，上帝是在人们蒙受苦难之际提供庇护的岩石，而彼得（希腊语 Petros）则是基督构建教会的基石（petra）。

原石是无性和被动的矛盾体。一块粗糙的原石可以被打磨成料石或琢石，这也是共济会采用的核心隐喻，象征从混沌不洁的状态到收获灵性的成熟与智慧的旅程。矿石被精炼成纯金属，也具有类似的清洗罪恶的象征意义，清洗者就是《玛拉基书》中记载的“炼净银子”，充当“炼金之人的火”的上帝。在西方的炼金术中，将铅转变为金（最高贵的太阳金属）的物质探索，等同于对纯净灵魂的追求。炼金术的金属等级从金逐级下降至铅，对应占星术从太阳递推到土星的行星等级，每一种金属和它对应的行星共享一个符号。宝石和次宝石也被人们以相似的方式加以看待，每一种“生辰石”对应一个星座。

“金”是中国传统的五行或宇宙能量之一。它的力量被认为属阴，是一种收敛衰退的能量，这大概是缘于原石必须通过降解才能提炼金属的事实。因此，五行中的金一般与落日的西天和衰颓的秋天相关。

金

黄金是太阳的普遍标志，与至高无上的太阳神祇相关。印加帝国太阳神因蒂的神庙完全用金箔装裹。埃及人相信太阳神拥有黄金铸造的血肉和白银打造的骨骼，而在印度的传统中，黄金代表了固化的阳光。根据对应的理念，它与心脏相连。正如黄金对应尘世的太阳，心脏就是人体内的太阳。黄金象征灵性的完满与神秘启示的内在之光。因此，佛陀的塑像往往有镀金的装饰。无论是希腊神话里的金羊毛，还是炼金术士汲汲以求的金子，黄金都是物质和精神（象征意义上）追求的伟大目标。黄金是至尊无上的王权的专用金属，往往被锻造成王冠、权杖、十字圣球等王权的传统标志。

银

白银是属于月亮和像阿尔忒弥斯（狄安娜）这样的月亮女神的金属，也可以用来修饰圣母玛利亚（如右图所示）这样的母性人物或女王的形象。作为与黑夜相关联的金属，它具有矛盾的性质。既象征智慧和口才（能说会道者被称作“银舌”），也表示可疑的举动和背叛（犹大的“三十枚银币”）。

铁

铁在等级上次于金、银、铜（青铜），代表火星和好战的战神。铁是制造武器的原料，因而被禁用于所罗门圣殿的建造。铁的军事用途使其成为勇气的象征：铁十字是普鲁士以及后来的德国所惯用的勋章，表彰那些在战争中表现英勇的人员（如左图所示），它的设计参考了中世纪条顿骑士的十字徽章。

青铜与黄铜

铜与锡熔合形成青铜，与锌熔合则形成黄铜，这些合金体现了对立二元的统一：铜代表太阳，白色金属象征月亮。青铜的质地比铁坚硬，因而成为力量和神力的象征。钟与宗教礼器都用青铜制成，摩西曾举起铜蛇，治愈了毒蛇咬出的伤口。埃及人相信苍穹用青铜铸成。

铜

这种金属代表金星与维纳斯女神（阿佛洛狄忒）。她出生在塞浦路斯，在古典时期，那里就出产铜矿，因而，就以岛屿的名字给这种金属命名（拉丁名cyprium或cuprum）。铜一度是用途最多的金属，尤以铸造青铜合金著称。

铅

农神和土星的沉闷个性在其对应金属铅上反映了出来。铅在炼金术中代表卑劣的人性，因而也是转变与超越的起点。

锡

锡是属于朱庇特和木星的金属。康沃尔在古时出产锡矿，它的旗帜采用黑色背景加一枚白色十字架的设计，这黑白二色据说分别代表锡矿石和金属锡的颜色。

人类的不同时代

希腊人认为，人类一步步地堕落，依次经历了黄金时代、白银时代、青铜时代以及黑铁时代。奥维德认为，黄金时代是最初的时代，人类的生活不受疾病、苦劳、衰老的困扰，离世宛若睡着一般。宙斯创造了一批新的人种开启了白银时代，他们的寿命长达一个世纪，却天性暴烈傲慢，受制于自己的母亲。宙斯随即毁灭了他们，又创造了另外一批新的人种进入青铜时代，他们发现了金属，开创了文明，却最终挥舞着青铜武器自相残杀。宙斯只得缔造了最后一个人种，迎接黑铁时代的到来。这个人种也就是现代的人类——最终实现了善恶结合的某种平衡。

汞

汞是一种液态的金属，又叫水银或“活银”，代表水星与墨丘利（希腊的赫尔墨斯）——他行走如飞，是转变与贸易之神。在道教的炼金术中，汞与长生不老密切相关，炼丹者将汞与其他金属混合成延年益寿的丹药，但这往往会带来致命的药效。

玉石

在中国，碧色的软玉（如左上图所示）受到高度追捧已有6000多年。孔子（公元前551—前479年）认为碧玉温润的色泽、通透的净度、美妙的玉声、坚硬的质地、耐久的品质，分别代表了人性、正直、智慧、公正、坚忍。玉石被认为具有养生的功能，因此，与长生不老产生关联。“玉皇大帝”是至尊无上的天神，一种带有方孔的圆形玉环（天圆）称作“璧”，代表“天之门”。

翡翠

翡翠的色泽让人联想到春天万物的生长、繁殖、再生。爱尔兰素有“翡翠岛”的美誉。翡翠在基督教中象征信仰、希望、永生，它同时也是一种结婚纪念石。泰国身披黄金缕衣的神圣“翡翠玉佛”，（如右上图所示）据说是众神的杰作，也是强有力的民族符号。

绿松石

美洲土著传统认为绿松石是众神之石。这条阿兹特克的双头蛇是一块木雕胸饰，上面镶嵌着绿松石和其他材料（譬如红色区域的海菊蛤壳）拼成的图案。阿兹特克人信奉的火神名叫修堤库特里，意为“绿松石之主”。绿松石少年是纳瓦霍人的守护神。

石头的治愈能力

苏美尔人根据宇宙对应的古老法则，将某些矿物与天体联系起来，钻石（太阳）、透石膏（月亮）、玛瑙（水星）、翡翠（金星）、红宝石（火星）、红锆石（木星）、蓝宝石（土星）。最早记录晶体的药用价值的典籍是《埃伯斯纸莎草书》，它是世界第二古老的医药典籍。当今的晶体知识给众多的石材附上治疗、守护、心理层次的特别属性和象征意义。其中的某些特征源于传统习俗，另一些则来自颜色或外观方面的自然对应。例如，红玛瑙据说对治疗血液和心脏方面的疾病有良好的功效。粉紫晶或“爱情石”据传可以帮助释放负面情绪，促进自爱和爱人。蛋白石被美洲土著及澳洲的巫医奉为圣石，半透明的色泽使它与月亮和水产生联系，据说它可以提高灵性的觉悟。

钻石

钻石是持久永恒的普遍标志，也是订婚和结婚戒指上最受人青睐的石头，代表了爱情常驻的美好心愿。钻石在佛教中象征悟道时无比清明的状态，如同划破愚昧混沌的“金刚雷”（金刚杵）一般。藏传佛教也被称作金刚乘，意指“金刚雷之路”。

褐铁矿结核

褐铁矿结核又称作“怀孕石”，因为它内含另一咔嗒作响的小石头，过去给小孩和分娩的妇人当护身符佩戴。据说，它还可以用来防贼。

本本石

本本石是古埃及的金字塔结构的象征。在赫利奥波利斯，人们供奉着一块原初的本本石，标志着太阳神以太阳鸟的身形诞生（创世的第一步）的地方。

燧石

史前的燧石箭镞和矛头一度被称作“雷石”，源于人们认定它们是雷电的尖梢的信念。古代欧洲人流行佩戴燧石当护身符。

“盖亚的骨骼”

在希腊神话中，众神发动了一场洪水毁灭了人类。杜卡利翁和皮拉却幸存了下来，他们将“盖亚的骨骼”——地上的石头抛到身后，成功地再次创造了人类。杜卡利翁扔的石头变成男人，皮拉扔的石头则变成女人。

青金石

青金石开采于阿富汗，在古代的近东地区、埃及、中国是一种代表宇宙的天石，往往成为至尊的太阳神祇的圣石。在中国，它是天之石。

林伽

抛光的石柱是林伽的象征，林伽是印度教生育之神湿婆的男根。它是受人膜拜的生殖与再生的标志。林伽底座的石环代表约尼或阴户，象征男女力量的结合。

雅石

中国的文人雅士推崇带有不同寻常的色泽、形状、纹理的奇石，认为它们既可做观瞻把玩的物件儿，又是弥漫宇宙的无形之气的化身。

陨石

来自天界的石头被尊奉为神的礼物，人们相信它具有异乎寻常的力量。麦加的卡巴神龛供奉的古老黑石很可能就是一块陨石，它是神与人类之间的原始纽带的见证。

翁法洛斯

德尔斐是大地女神盖亚和太阳神阿波罗的圣地，被希腊人尊奉为世界的中心，用一块名为“翁法洛斯”的圣石进行标记，也被称为大地的“肚脐”。

珍珠

珍珠与月亮及女性的繁殖相关。它生长在贝类的体内，一度被视作极其神秘的存在，在东西方都是秘传智慧的符号。在基督教传统中，它象征孕育在圣母玛利亚子宫内的耶稣基督。

红宝石

红宝石是爱情、激情的化身。它被广泛用于婚戒的设计，传说其色泽会随着爱情的消减而逐渐黯淡。古时，人们认为它具有对抗忧伤和毒性的功效。它还是装点王冠和礼服的御用宝石。

蓝宝石

蓝宝石因其独有的色泽，让人联想到天空，象征天界的和平、真相、融洽；在脉轮的知识体系中，它代表第三只眼睛、顿悟以及对神的虔信。

西西弗斯的巨石

科林斯的国王西西弗斯阴谋欺骗死神，被处以推动巨石上山的终身刑罚，每次眼看着石头就要被推到山顶，却都无一例外地滚落下来。这块石头是徒劳无益的象征，它告诫人们，若藐视自然，人的自由意志也必受局限。

炼金术

炼金术是转变的艺术。炼金术士的任务或“伟业”，就是要将一种未加精炼的原始低级材料或第一物质——可以是人类的灵魂，也可以是难以分辨的神秘金属物质，转化为某种完满而纯粹的存在。要实现这一目标，就必须找到一种被称作贤者之石的点金石或酊剂，它具有化低贱金属为高贵的黄金或白银的力量。众多炼金术士在实验室内尝试制作这块石头，但也有一些人视炼金术为一种更为深奥的内在转化：人性的净化与完善。

低贱的物质必须经过若干鲜明的转变阶段，这些阶段由丰富的符号表示。这些符号没有标准的固定体系，炼金术士经常使用同样的符号，但很多炼佘术士甚至会在同一份手稿里使用相同的符号表示不同的事物。因此，“变黑”的阶段既可用一只黑色的蟾蜍（如左图所示）表示，也可用后文图中的黑鸟体现。这幅图出自 16 世纪的一本炼金术的手稿，手稿名为《光辉的太阳》，寓意丰富的美丽插图著称。

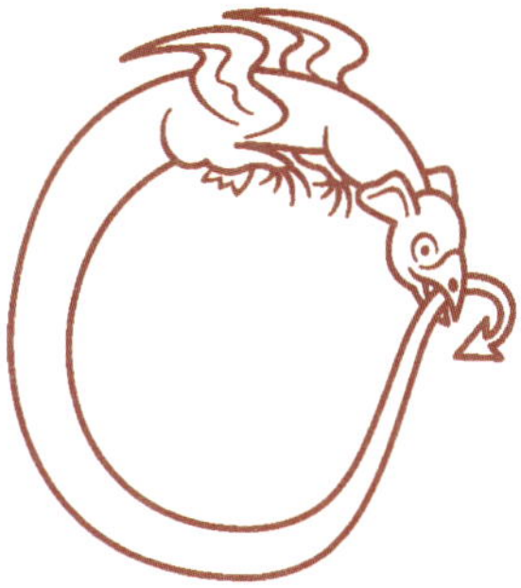

飞龙

贤者之石的一个象征符号是乌洛波洛斯。它的另外一个符号是自衔尾巴的飞龙，代表克服种种二元的对抗和活跃易变的力量，最终成就伟业。

行星的金属

人们认为炼金术的七大主要金属都是宇宙的微观反映，它们会受到对应天体的影响，也拥有相应的标记。上图中所示的符号分别代表掌控铁的火星（上）与掌控铜的金星（下）。

生命树

这棵树象征从低贱的物质（树木扎根的泥土）到超越的纯洁（天空）的上升过程。

梯子上的人

爬上梯子的人代表已经启程上升的能者，准备去收获灵性的完满，摘到篮子里的“果实”。他也代表nigredo（变黑）阶段的第一物质。

哲人

“能者”（红袍）和“长者”（白袍）分别代表伟业的最后两个阶段albedo（变白）和rubedo（变红）。

鸟儿

鸟儿是受到净化的灵魂的象征，它们直冲云霄，摆脱了尘世的种种束缚。它们的颜色渐次变浅，反映了从黑乌鸦代表的nigredo（变黑）阶段开启的进程。

金冠

王冠环箍生命树，象征以黄金或灵性圆满的形式获得完美的伟业（环状的王冠象征完美）。

花儿

这些花儿象征红酊或点金石，是伟业缔造的“金花”。

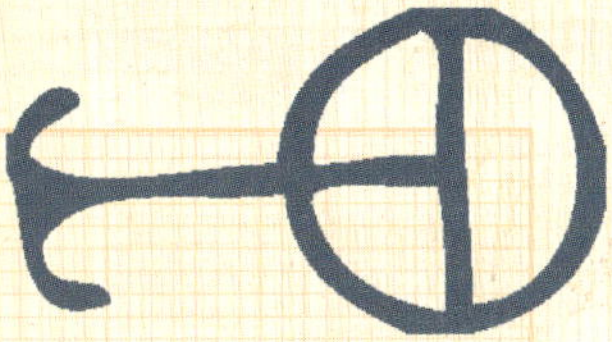

伟业

炼金术的每一步转变都由一种颜色和一组符号来表示。第一步是变黑（乌鸦、渡鸦、蟾蜍）的阶段，将低贱的物质转化为黑色物质，释放内部的“雄雌”要素（王与后或太阳与月亮）。这些要素在变白的阶段（天鹅、白鹰、骨架）重新结合（王与后缔结婚姻）；接下来是变黄或变绿的阶段（绿狮），紧随其后的是虹色阶段（孔雀尾翎、彩虹）。这个阶段若能成功，就能生成白石或白酊（独角兽、月亮、白玫瑰），使铅化为银。最后是变红（公鸡、红玫瑰、鹈鹕）的阶段，导致最终的转化（太阳、浴火重生的凤凰），催生出化物质为黄金的红酊或点金石。伟业至此完成。

吞噬太阳的绿色雄狮

绿狮是一种威力强大的符号，代表必须从低贱的物质中提炼出来的关键力量。它在物质的层面上代表硫酸和硝酸这样的酸性物质，它们的酸性强大，甚至能溶解黄金（由太阳表示）。

哺乳动物

狐狸

狐狸是旧大陆的狡猾骗子，被贴上奸诈不诚的标签；它是诡谲虚伪的黑暗王子撒旦的化身。在中国的传说中，狐狸化身为诱惑男人的艳丽女妖，在日本，它是稻米与兴盛之神稻荷的信使。

动物在象征符号中发挥核心的作用。早在34000年前，它们就已出现在法国东南部的肖维岩洞的壁画上，那是现在已知的人类最古老的艺术作品。自此以后，动物就一直在人类的想象中占据一席之地。岩洞的发掘使人们意识到，这些对大猫、熊、马、野牛、猛犸象、犀牛的描绘以及旧石器时代对它们的刻画，很可能不仅仅是一种消遣。岩洞的艺术主要描绘那些与人类有直接身体接触的动物，或为猎食者，或为猎物，但有一点非常明确，那就是这些生物同时也是威力强大的符号，可能内含一种交感巫术，旨在控制那些身强体壮、行走如飞的危险生物，还能让人获得与其相似的能力，这一切都与流传至今的某些传统巫医文化极其相似。

可以肯定的一点是，动物已经成为人类生活和象征体系的中心，从驯养的反刍动物到辛勤劳作的马匹（如右上图所示），它们的象征意义或源于体形和肤色，或出自它们的习性和栖身之所，或与它们实际的诸如迅捷、机敏、迟钝、勇敢、狡猾、坚持、背叛、守护的个性有关。事实上，人类的每种生理或心理的特征都可以找到鲜明对应的动物符号，动物王国整体上就是人类的镜子。不仅反映了我们的意识状态的自我，也映射了我们最深层的未加驯化的潜意识和无意识的本能："内心的野兽"或卡尔·荣格称呼的"动物灵魂"。

草原狼

草原狼有骗子的恶名，是贪食和智谋的代名词。人们对它褒贬不一，它能智取妖怪，也能挑起妖怪的怒气。在纳瓦霍人的神话中，草原狼帮助人类升入这个世界，却也挫败了人类追求永生的企图。

狼

狼是代表野性猎食的普遍符号，是基督（羔羊）的敌人。它的无惧无畏也使它成为勇士的奖章。狼还是威严的罗马城的象征，传说，罗马城的创建者罗慕洛和雷莫就是由一只母狼用乳汁喂养大的。

美洲虎

美洲虎被中美洲的各民族视为王权、力量、繁殖的象征。它在陆地上无论是涉水还是爬树，都来去自如，狩猎也不分白天黑夜；它是百兽之王，也掌管着各种元素和隐秘的智慧。

老虎

老虎是体型最大的猫科动物，相比狮子性情更为孤僻和难以捉摸，它除了迫于繁殖的需要，鲜少离开森林。因此，老虎除了是凶猛、勇敢的代名词之外，还被广泛赋予超自然的神奇力量。在中国，它是守陵和护灵的瑞兽，天上的白虎代表的方位为西，季节为秋。在上升的阴（收敛）的时间内孕育着阳（再生）的种子。

狮子：凶猛的守护兽

狮子是分布最广的大型猫科动物，自古就是勇敢、力量、王权的象征。它是古苏美尔战神内尔伽勒的守护符号，亚述人的宫殿神庙都由狮、牛、人的凶猛合体兽把守。希腊勇士的墓穴通常绘有狮子驱逐恶灵。在基督教艺术中，地狱之口常被描绘为狮口的形象；然而，作为弥赛亚的基督却是“犹大支派中的狮子”，而生有双翅的飞狮则是圣马可的标志，象征基督的身体和精神力量。狮子还是印度教降魔女神杜尔伽的坐骑。雄狮因其威风凛凛的长相被赋予众多象征意义。雌狮的勇猛凶残，雌狮负责大部分的狩猎活动，也在埃及的母狮女神赛克美特的身上得到印证，她是太阳神拉的女儿，会给埃及的敌人带去瘟疫和灾难。雌狮的守护兽形象也在赛克美特作为治愈女神的角色中得到反映。

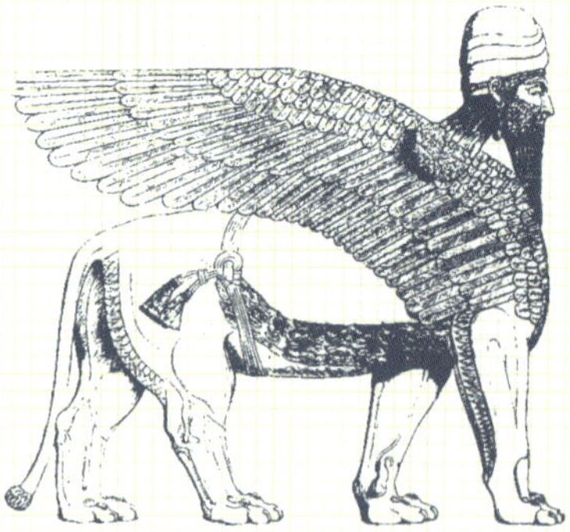

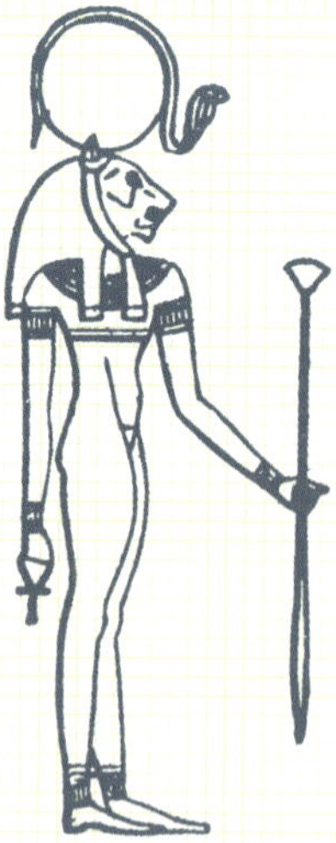

人类的表亲：灵长类动物

猿和猴子的习性及长相与人类相似，它们也像人类一样善于模仿、身手矫捷，这为它们在动物的象征体系中赢得了特殊的地位。它们在众多文化中是人类低级一面的体现，例如贪婪、不加控制的欲望，而它们的好奇心与聪颖的天资则常被解读为狡猾与表里不一。孙悟空，又称美猴王，是小说《西游记》中的典型角色，即使众仙人也阻止不了它去偷能使人长生不老的蟠桃。受到惩罚后，它加入并护送一位虔诚的朝圣者踏上西天取经的征途，并最终得以封神。这个故事暗示了灵长类动物固有的二元象征意义。

在印度，猴子也被认为是调皮捣蛋的形象，但它们同时又是受人爱戴的神猴哈奴曼的猴子猴孙，神圣不可侵犯。哈奴曼是风神之子，他忠诚、勇敢、无畏，擅长变形，并发挥自己的聪明才智，帮助英雄罗摩击败了楞伽岛的魔王罗波那。在埃及，狒狒神透特是象形文字的发明者、秘传智慧与魔法的守护者；还有中美洲的玛雅人，他们敬奉猴子为艺术、象形文字以及数学的发明者。

公牛

公牛是象征男性力量和气概的有力符号，但同时也代表了人类强烈的原始欲望和本能。波斯的密特拉神通常展现为手刃大公牛的形象，寓意战胜和克服人类的动物天性；对密特拉神的崇拜仅限男性，那些新入教的成员要接受公牛鲜血的洗礼。公牛也是古代克里特岛的王室图腾，克里特岛是希腊神话中若干与公牛相关的故事发生的背景，这些故事都被打上了性越轨的强烈烙印，诸如宙斯化作公牛诱拐少女欧罗巴的故事，以及最有名的克里特岛的王后帕西淮生下牛头怪的传说。英雄忒修斯最终杀死了这只牛头人身的怪物，而这只怪物的生父则被赫拉克勒斯俘虏，成就了他的十二大功绩之一。

北极熊

北极地区传统上对熊既敬又怕，熊力大无穷、富有耐心，且像人类一样聪明。它能够爬向一只熟睡的海象，再用冰块将其杀死；也能在狩猎时在冰洞旁边耐心地等待数小时；还会为自己建造雪窟用来产子。它是北极人心目中首屈一指的拥有巫术的动物。它的毛发的颜色使人联想到月亮，因纽特猎人的守护神月人就身裹北极熊的皮毛。

袋鼠

袋鼠在澳洲土著的梦创时代故事中扮演重要的角色。梦创时代是英雄始祖们作为开创者跋山涉水，每到一处便会塑造地形地貌的原始时期。红袋鼠马鲁纵横数百里，从金伯利直至澳洲大陆的中心，留下了诸如小溪、洞穴、岩石等一系列地貌，汇聚着他神圣的创造之灵。

马

在旧大陆的文化中，马是速度、力量、高贵、能量的代名词，西班牙人将这种动物再次引入美洲后，当地的土著也赋予了它类似的地位。马是古代凯尔特的王室动物，在北欧，人们认为它能够领悟众神的智慧，奥丁自己就骑着一匹八足的神驹。在中国，马同样是地位和军事力量的象征，同样也是灵性天赋与世俗礼物的承载者。

鹿

牡鹿是代表生育和再生的标志，体现在长有鹿角的凯尔特神明科尔努诺斯的身上，他是“角神”和百兽之王。鹿擅长奔跑，听觉灵敏，代表五感中的听觉。在佛教艺术中，鹿影射的是佛陀初次讲法的圣地鹿野苑；它象征谦逊机敏的理想学生。一只临溪而照的牡鹿代表一个渴望亲近上帝的灵魂。

熊

熊有时像人类一样直立行走，在美洲土著的眼中，它被当作人类的亲族和拥有变形、魔法、治愈能力的守护灵，受到人们的尊重。欧洲的传统认为，熊崽生下来是形状不明的，需要熊妈妈“舔出雏形”，因而，熊也成了创造的象征。在希腊，熊（arktos）是狩猎和分娩女神阿尔忒弥斯的圣兽。

家牛

家牛是受印度教庇护的著名神兽，被誉为哺育生灵的动物。古埃及性情温和、力量强大的牛头女神哈索尔，是女性与亡者的守护神，司掌生育、性爱、音乐、舞蹈，同时也是法老象征意义上的神母。在北欧神话中，欧德姆布拉是头硕大的母牛，流出的四股乳汁喂养了冰霜巨人的国王，伊米尔是，世界正是用他的身躯创造出来的。

大象

大象虽然体型庞大，却是种温柔的动物，它们会互相帮助，也会聚集起来抚慰象群中濒死的成员。因此，古人普遍认为大象是聪慧的。希腊人敬重它的智慧，泰国人会在大象的耳边低诉个人的烦恼。在印度，许多印度教教徒会在采取重大行动之前向智慧之神与障碍扫除者——象头神伽内什祷告。大象也是因陀罗的坐骑。

野猪

野猪行动快如闪电，是一种极具侵略性的危险动物，也是一种矛盾的象征符号，集强有力的统治与毁灭性的暴虐于一身。古希腊盛传若干则地府的传说，叙述场面壮观的捕猎野猪的景象。野猪并不蠢笨，凯尔特人将它们视为一种具有预言能力的神圣动物，它还身兼神奇的守护功能。猪也是生育的象征，体现在埃及对天空女神努特给小猪（星星）喂奶的形象描绘上。但是在近东的其他地方，猪被普遍视作不洁的食腐动物，禁食猪肉的习俗至今仍被犹太教等教派沿袭。

野牛

19 世纪，北美的野牛在惨遭猎人大屠杀之前，占据了从加拿大纵深至墨西哥的广袤平原地带，繁衍出数以百万计的数量，展示了令人惊异的力量与活力。它们也是美洲土著居民为之感恩的食物来源。野牛还出现在欧洲史前的洞穴壁画上，它作为一种拥有巨大灵性力量的动物，具有类似的象征意义。在密宗佛教中，凶神恶煞的护法神大黑天和大威德金刚都被描绘成牛首的形象，代表他们降魔的能力。

山羊与绵羊

公羊的羊角肖似生殖器，且它们在交配时精力充沛，这使它们成为男性繁殖力和欲望的古老标志。公羊作为繁殖力的符号在埃及受到尊崇，并与创造神阿蒙和库努牡相关，这两位神明经常被描绘成长着羊头的形象。绵羊作为象征符号在基督教中俯拾皆是。基督是羊群的牧人，是逾越节献祭的无辜的羔羊，是《利未记》中背负人类罪恶的替罪羊。牧人将绵羊（信实的）与山羊（有罪的）区分开来。山羊是受魔鬼驱使的动物，魔鬼一般被描绘成长着山羊蹄、山羊胡子和山羊角的形象，这个形象的原型可能来自好色的古典山羊神兼自然神潘神以及他的半羊半人的随从萨蒂尔。

兔子

兔子性情机敏，擅长奔跑，亚洲、欧洲、非洲、美洲的居民不约而同地视它为骗子的代名词。众多传统都在月亮的表面辨识出一只兔子的形状，中国的神话故事中，玉兔在月宫捣制长生不老之药。兔子是有名的繁殖快手，这使它与滥交和繁殖联系起来。在英国的民间传说中，兔子的脚能带来幸运，也可用来治疗痉挛和风湿；但是若在海上遇到一只兔子或者提到它，会是一种不祥之兆。以上两个传说源于古代凯尔特人，他们认为兔子是强大的精灵。

猫与狗

猫与狗是我们最熟悉的动物伴侣。猫与它野生的老祖宗差别不大，延续着矛盾的象征意义。它既享受来自人类的注意，又坚守极高的独立性，在家门之外还保持着秘密的生活（尤其是在夜间）。人们怀疑猫是魔鬼和邪恶女巫的帮手也不是没有道理的。猫的这种矛盾的特性早在古埃及时就已经存在了，在那里，猫是神圣的，象征女神芭丝特。芭丝特是仁慈的女神，但也可以化作凶恶残忍的复仇者，她会趁着夜色化身为猫，砍下太阳神的敌人阿匹卜蛇的头颅。

据研究表明，所有的狗都承继了 16000 年前在在我国驯化的狼的血统。狗是天然的群居动物，是忠诚和助力的化身。它灵敏的感官将它与灵界联系起来，日本人认为狗可以看到鬼魂；玛雅人将狗与它的主人合葬，让它牵引逝者进入灵界。狗也会充当凶猛的门神，比如阳界的那条长着三颗头的看门犬。（下图所示为罗马式马赛克图案是一个告示牌："小心有狗"），在中国，有"福犬"守护佛法的说法。

犹太教

公元前 586 年，犹太教发端于覆灭的古代以色列犹大王国的宗教。它的基本要素是上帝、上帝的律法以及上帝的子民以色列人。犹太教徒信仰永恒普世的唯一神，他是万物的造物主。这位神明与以色列人签订契约，以色列人作为选民将成为“万民之光”（《以赛亚书》），带领所有的民族信仰上帝。为了回馈上帝的优待和保护，犹太人要遵守诫命和上帝的律法，这些诫命和律法都在犹太教的圣典《希伯来圣经》的首五卷（《摩西五经》）中逐条列出。

犹太教的众多符号指向上帝与以色列之间的关系。大卫之星可能是现代研究者最熟知的符号，但更为古老的符号要属七分枝的烛台圣器，又称七烛台。一座巨型的七烛台曾竖立在所罗门王建造的耶路撒冷圣殿内，圣殿是犹太教徒祈祷朝拜的中心，直到公元 70 年被罗马人摧毁。大多数犹太人家中都备有一个七烛台，在安息日和宗教节日点亮。而九分枝的烛台会在光明节（献殿节）期间点亮，庆祝公元前 164 年击败玷污圣殿的希腊征服者后将圣殿重新献给上帝的壮举。在中世纪的西班牙，犹太教的《圣经》中时常有对圣殿的神圣陈设的描绘。

大多数犹太家庭都有一块挂在门柱上的经文楣铭，它其实是一只小巧的盒子，里面装有以“听啊，以色列”开头的祷文（《申命记》）。这个装置表明，家宅也是献给上帝和神圣的圣所。其他的符号包括护身符 hamesh，或称“米利暗之手”，佩戴它的目的旨在祈求上帝的保护，抵挡“恶魔之眼”的侵犯和其他邪恶的影响。

大卫之星

犹太教使用最为广泛的符号是六角星形，或称大卫之星，它出现在犹太会堂内和以色列的国旗上。六芒星的使用较晚，可以追溯到中世纪的布拉格。它的前身是神秘的所罗门封印——一个由两个相互交叠的三角形构成的六角星形。卡巴拉神秘学认为这枚封印象征相互关联的天地、上帝与人类之间不可解开的纽带。

所罗门封印代表四大元素。顶点朝下的三角形象征水，顶点向上的三角形表示火。两个三角形相互叠加，一条水平的直线将向上的三角形在靠近顶点的位置一分为二，形成气的符号；向下的三角形也以相似的方式一分为二，构成土的符号。通过这样的对应方式，这个六角星形体现了上帝创造的复杂和统一。

约柜

人们认为上帝就居于圣殿的约柜之内，柜中收藏着十诫的石板，上面记载着十诫的开篇之言。约柜由两个智天使——基路伯守护。

香盘

这两个圆盘是在圣殿举行仪式时燃烧乳香用的。

七烛台

金色的烛台是犹太教历史上最普遍的符号。七根分枝代表六天的创造加一天的安息，也象征古人所知的七大行星。

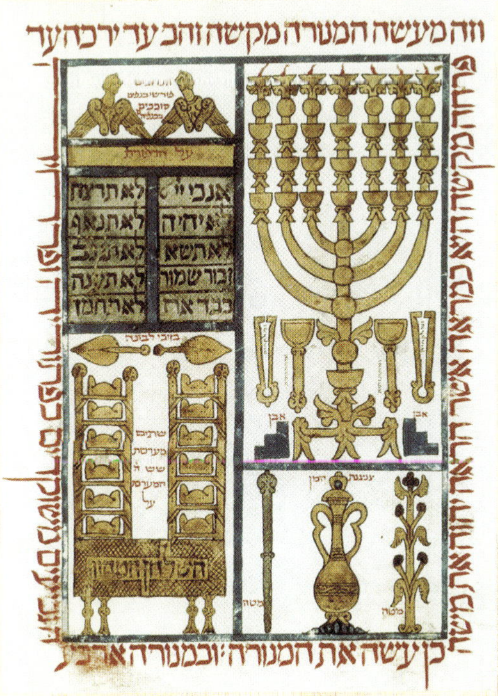

陈设饼

陈设饼作为献给上帝的永久祭品，是供奉在圣殿内的一张特别的桌子上的面包。陈设饼共有十二枚，代表以色列的十二个支派。

火剪与火钳

这些器具用来调节或熄灭圣殿内七烛台上的蜡烛。

亚伦的手杖

这两根手杖代表亚伦（摩西的兄长）的祭司角色：其中一根神奇地发芽了。手杖之间的这只瓶子里装有吗哪，它是以色列人逃出埃及后，在旷野里赖以维生的食物。

水族

生活在海洋、河流、湖泊中的生物因为身在水中而具有了神秘的象征意义。地球有三分之二的表面被水覆盖，水不仅作为对生命和庄稼丰收至关重要的必需品，也以灾难性的洪水形式，影响着人类的生活。大量的神话将时间开始之前的宇宙想象成一片原始无际的混沌水域，充盈着纯净无限的力量和潜力。有时，它化身为一只庞大的海洋生物，譬如《圣经》中的海怪利维坦。因为，水生动物的生存状态让人联想到子宫和羊水，因此它们往往是繁殖的普遍标志，同时，它们也可以代表复活和宇宙的再生。

水被广泛赋予仪式性的清洁和涤罪的意义，是基督教最古老的符号之一（幽暗的水域让人联想到深奥秘传的知识；海洋生物象征可以潜入深层智慧的能力，水生动物在诸多传统中是沟通尘世与神性或灵性国度的媒介。古代的神祇有时也表现为与鱼相似的形象，譬如腓尼基人的大衮、美索不达米亚的知识的引介者俄安内）。从心理学的角度来讲，水生动物代表活跃的潜意识，藏在意识的下层持续地发挥作用而不被人察觉。

海螺

海螺是印度教和佛教的法器，也许是它的音符肖似原始音 Om（唵）的缘故。海螺是佛教吉祥八宝之一。它以顺时针的方向生长，因此，在佛陀教诲的佛法之中，它具有“向右（正确）旋转”的象征真理的意义。

扇贝

扇贝壳是女神阿佛洛狄忒（即罗马的维纳斯）的象征，她生自海洋，在某些叙述中，从扇贝壳内而出。去往西班牙圣地亚哥德孔波斯特拉大教堂朝拜的香客都会随身佩戴扇贝壳，扇贝因此也成了圣徒和朝圣的标志。

螃蟹

螃蟹因其左冲右突的步态而被视作阴险狡诈的代名词，它的拉丁名 cancer 同时也被用来指代以不可预测之势蔓延的毁灭性疾病。巨蟹座传说是女神赫拉派去攻打英雄赫拉克勒斯的一只巨蟹。它被赫拉克勒斯一脚踩死，被赫拉升入天空成为星座。

双鱼

成双成对的鱼儿是双鱼座的象征。当这两条鱼以椭圆形或环状的形式呈现时，它也是梵语中“生命起源”的符号。双鱼在中国代表两性的交配，同时也是幸福美满的婚姻的象征。

海狼

鲨鱼是巨无霸级的海中猎食者，它从海底深处悄无声息地游来，以迅雷不及掩耳之势向猎物发动凶猛而有效的攻袭，这一切使它成为凶残野蛮以及恐惧潜藏之危险的心理象征。因此，鲨鱼在南太平洋的传统中占据重要的一席之地，也就不足为奇了。夏威夷的鲨神被敬为冲浪的发明者，而 Aumakua 则是鲨鱼形态的祖先的精灵。斐济人的神明曾化身为一条姥鲨，引导勇士乘着独木舟发动夜袭。在特罗布里恩群岛，少年的成人礼就是孤身驾驭独木舟捕获一条鲨鱼。在所罗门群岛，逝者的颅骨会被安放在一只雕刻成鲨鱼形状的遗骨匣内。

阿拉斯加的美洲土著居民特林吉特人往往视鲨鱼为图腾，代表氏族的祖先，而澳洲的土著传统则视鲨鱼为原始梦创时代的先祖般的存在。

《圣经》故事中吞下约拿的“大鱼”，有时被认为是一条鲨鱼而非鲸鱼。

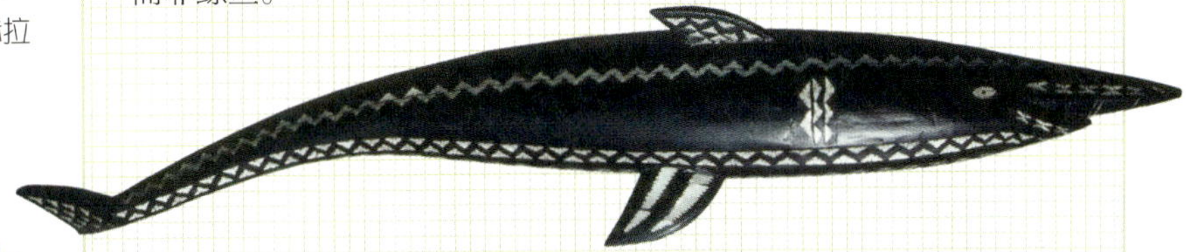

鲤鱼

鲤鱼的寿命可长达 50 年，在中国是长寿的标志。它天生逆流而动，使它被贴上坚忍与勇猛的标签。在日本，koi（锦鲤）是爱情的化身，因为 koi 也是日语中表示“爱情”的古老语汇。

三条鱼

三条鱼的鱼头重合居于中心位置，构成一种叫作特里纳克里亚的符号，在诸多文化中，代表三的组合力量。鱼是基督教的古老符号，而摆布成三角形状的三条鱼是三位一体的象征，代表圣父、圣子、圣灵的三位一体。

鲑鱼

这种鱼从海洋逆流游行数千英里的漫长距离，再溯河洄游到自己出生的河流上游产卵，成就了史诗一般的生命周期，这使它成为诸多社会的图腾式生物，是重生、繁殖、智慧、先见的象征。在爱尔兰神话中，英雄芬恩抓住了一条带有魔力的鲑鱼，只吃了一口，就获得了预言的无限能力。

海豹

海豹在某些文化中作为原始先祖的存在，能够幻化为人形。这一传统在苏格兰有关 selkies 的传说中得到印证，selkies 是海豹在陆地上蜕去外皮变成的女人，她们若是丢失了外皮，就无法重回海洋。对太平洋西北部的某些美洲土著而言，海豹是他们游泳和捕鱼技术的授予者。

海豚

美洲土著认为这种聪慧的哺乳动物是灵界的信使。希腊人认为它是爱情、救赎、灵性重生的象征，这源于海豚（delphis）与子宫（delphys）之间的联系。海豚是海神波塞冬和俄刻阿诺斯的化身，也是不断变化的神明狄俄尼索斯的象征。

章鱼与墨鱼

与英雄赫拉克勒斯交战的多头怪海德拉经常以巨型墨鱼或章鱼的形象，出现在希腊花瓶上。这种生物还是催生传奇海怪克拉肯的灵感来源。章鱼遇险就会变色，因此也是象征反复无常的象征。

年年有鱼

鱼在中国和日本是财富和兴盛的象征，汉语的鱼（余）也表丰裕富足的含义。鲤鱼和家养的金鱼被饲养在池塘里，有时也在鱼缸里做观赏展出。金鱼的汉语意思也指“充裕的黄金”，正因为如此，它在中国和日本一直大受欢迎。鱼的形象常被用作装饰图案。一条鱼（余）再添一朵莲（连）花，取义双关语汇“余连年”，代表“年年有余”。鱼还表达“祝愿”，每逢节日都要吃鱼传达祝福。中国人在春节时吃的鱼必须头尾齐全地端上桌，寓意一年到头兴旺发达。在古代，中国人只吃鱼身上的肉，把鱼头拿去供奉财神。

提亚马特与阿普苏

巴比伦人将原始的盐水和甜水水域分别比拟为提亚马特和阿普苏这两只海洋生物。他们结合生育了众多神明，其中包括后来杀害了阿普苏的埃阿。提亚马特为了复仇，发动了一场波澜壮阔的战争，却落得被杀的下场，她的身体被一切为二，分别创造了天和地。提亚马特象征混沌的力量，必须将其击败，有序的宇宙才能生成。

马卡拉

毗湿奴神的坐骑是马卡拉，它是印度教神话中常见的水生动物。它的身形像鱼，腿部和头部却有哺乳动物的特征，它象征着水的神力。

鲸鱼

传统上，依赖鲸鱼为生的社会会向鲸鱼致以崇高的敬意。日本沿岸的高岩寺是一座祭奠被捕杀的鲸鱼的庙宇，而阿拉斯加因纽特人的巫师则在传统的仪式中召唤鲸鱼的灵魂。在温哥华岛上的夸扣特尔人眼里，鲸鱼能够带来长寿与昌盛。

西方传统中有关鲸鱼的最著名的故事发生在《圣经》约拿的身上。上帝要约拿到尼尼微向那里的人们警示预言的毁灭，但约拿却违背上帝的命令，坐船逃跑了。上帝发动了一场风暴，胆战心惊的船员们将约拿抛到海里。他随即被一条“大鱼”吞入腹中，这条“大鱼”通常被描绘成鲸鱼，有时也被说成是一条海豚乃至鲨鱼。约拿在鱼腹内待了整整三天，终于悔过并获得解救。这个情节成为基督教脍炙人口的寓言，耶稣将约拿的经历比作自己即将到来的死亡以及三天之后的复活（《马太福音》）。鲸鱼象征死亡与重生之间的中间状态，代表耶稣在洗礼的水礼中由“死”向“生”的灵性转变。

人鱼

有关人鱼的传说古来有之，它是一种上半身为人、下半身为鱼尾的海洋生物。对水手而言，美人鱼的形象很可能源自被模糊辨识的海豹、海象，或者正在哺乳的海牛或儒艮，代表了一种对肉体欢愉的思慕之情。到了近代，美人鱼的意象被解释为外在世界和深层潜意识（我们被掩埋的部分天性）的象征。

利维坦

这种《圣经》中描述的海怪（《约伯记》）的原型也许是巴比伦神话中的提亚马特。它的血盆大嘴是地狱之门的象征；哲学家霍布斯认为利维坦代表专制独裁的状态。

为鱼的基督

早年基督教的信仰通常表现为一条鱼的符号，这种符号作为一种标记出现在地下墓穴的墙壁和信徒的石棺之上，也现身于印章和灯具之上。它是基督教最初的符号之一，在公元 4 世纪之前，它是比十字架常见得多的符号。

鱼的象征意义的使用根源于福音书中围绕鱼和捕鱼的若干片段，而捕鱼是加利利湖畔居民主要的谋生方式。这些情节包括耶稣召唤头两位门徒——渔人兄弟安得烈和彼得、耶稣用极少量的饼和鱼喂饱了数量庞大的人群、象征教会成长的神奇捕获的鱼群，以及在鱼腹内发现硬币缴纳圣殿税的奇迹。

考虑到这些关联，就不难想象基督常被描述成“灵魂的渔人”，而鱼也成了基督自身的符号，鱼的希腊语“Ichthus”被认为是“Iesous Christos，Theou Uius，Soter”（“耶稣基督，上帝的儿子，我们的救世主”）的首字母缩略词。基督徒通过以水洗礼的圣礼加入教会，成为基督的“小鱼”（拉丁语“pisciculi”），而他们受洗礼（最初是全身浸没，这一形式被现今的某些教堂沿袭下来）的圣洗台就是理所当然的“鱼池”（拉丁语“piscine”）。鱼是圣彼得的标志，基督让他去做“得人的渔夫”；它还是帕多瓦的圣安东尼的化身，传说他曾向一群鱼传道。

克拉肯

斯堪的纳维亚传说中的克拉肯据说栖身在北大西洋冰岛和挪威之间的水域；对它的描述版本不一，有说它像一只巨型墨鱼或章鱼的，也有说它像巨蟹的。它所到之处，大量的鱼群望风逃窜，便宜了渔民——只要他们不要离海怪太近。传说这只海怪浮出水面时，就像是平地拱出一座岛屿，而当它沉入水下时，激起的旋涡是如此湍急，任何船只都难逃被吸入并葬身海底的命运。

飞禽

多数文化将鸟类视作沟通天堂和人间的中介，神话中出现的杂交生物为这一观点提供了佐证，譬如印度教和藏族信奉的鹰面人身的迦楼罗。巫师在灵魂出窍时召唤鸟儿做守护神和治愈者，在埃及人看来，灵魂化为巴——一种长着死者脑袋的怪鸟，在今生与来世之间穿梭。纳瓦霍人则认为灵魂会化作一只猫头鹰。

罗马人将鸟类的飞行或鸣叫解读为未来的预兆，埃及神透特经常化身为朱鹭的形象，它那曲起的鸟喙外形酷似书吏手中的笔。孔雀踱起步子来显出趾高气昂的神气，是虚荣与骄傲的普遍代名词。但在印度教中，孔雀却是爱神伽摩的坐骑；在希腊神话中，它是赫拉女神（对应罗马神话的朱诺）的神鸟，它的尾翎上遍布的“眼睛”源自百眼巨人阿耳戈斯。人们认为孔雀拥有不朽之身，因而它也是永生和基督复活的象征。它在佛教中代表洞见世间疾苦的大慈大悲的观世音菩萨。

隼

在古埃及，一飞冲天的隼是百鸟之王，同时也是众王的神鸟。伟大神明荷鲁斯也被称作“高远之神”，就是以隼为化身，他被描绘成隼或最常见的隼首人身的形象。荷鲁斯是法老在世时的化身，法老被称为“太阳神拉的儿子”“活着的荷鲁斯”（化为人形的神明）。“荷鲁斯之眼”这个符号就采用了在人眼下方加上隼特别的面颊纹路的设计。

秃鹫

法力强大的秃鹫女神奈库贝特代表法老在王国南部（上埃及）的统治，与之呼应的是象征他在北部（下埃及）统治的眼镜蛇。奈库贝特有时作为守护神的形象装饰着法老的头饰，她也被绘制在法老卧室的天花板上，守护夜间沉睡的法老。奈库贝特高展双翼，利爪之上刻着代表“永恒”的象形文字。

杜鹃

杜鹃是春天的使者，却也背负着婚姻不忠的骂名。雌性杜鹃将自己的一颗蛋产在其他鸟类的巢内，被蒙在鼓里的寄主将雏鸟养大，雏鸟却在成长的过程中将寄主巢内的亲生骨肉无情驱逐。严格说来，单词“乌龟”（cuckold）、杜鹃（cuckoo）古时的称谓是指介入婚姻的通奸者，后来这个头衔才转到被蒙骗的丈夫头上，指代被戴绿帽子的“乌龟”。

乌鸦

乌鸦、秃鼻鸦、渡鸦是乌鸦家族体形最大的成员，它们是黑暗与恶兆的化身。在基督教中，它们是魔鬼的象征，而在凯尔特神话中，它们则预示着战争与死亡。但是罗马人却认为乌鸦象征着希望，因为它们的叫声听起来像是拉丁单词 cras（“明天”）的发音；在中国，乌鸦是太阳的灵魂。在澳大利亚土著的传说中，一个名叫乌鸦的人物帮助人类塑造了自身的文化；而在北美土著文化中，乌鸦和渡鸦一样广为人知，具有英雄与骗子的双重形象。

喜鹊

这种鸟的毛色斑驳，半黑半白，显出美丽的荧光色泽，是属性最为矛盾的鸦科成员。正如古语所言，“单雀报忧,双雀报喜”。喜鹊性喜闪亮的物件，常把它们偷来垫衬自己的巢穴，因而成为偷窃的代名词。不过在中国，总的来说，喜鹊是福兆的象征。“幸福”对应汉字的“喜”，喜鹊因而成为传统的吉鸟。

猫头鹰

猫头鹰习惯在夜间活动，飞行时如死神一般悄无声息，静默凝视的目光神秘莫测，时而让人产生与超自然神秘力量有关的不祥联想。众多民族视它为智慧和先知之鸟。猫头鹰是希腊智慧女神雅典娜的著名神鸟，被刻在雅典（雅典娜的城市）铸造的硬币之上。它在埃及、印度、东亚以及美洲的一些土著传统中是死亡之鸟，在其他传统中又是保护神的化身。

蝙蝠

在众多传统中，蝙蝠是黑暗和邪恶的帮凶，与地狱的幽灵有千丝万缕的联系，而在东欧的民间传说中，它又与吸血鬼产生关联。它们习惯在黄昏时分悄无声息地左冲右突，行动看来毫无章法、古怪异常（它们其实是在捕猎昆虫），这使它们成为噩梦般的混乱的标志。然而，在中国，蝙蝠却是正面、积极的符号，因为汉语的“蝠”与代表运气、好运、祝福、美满的汉字“福”谐音。

天空之神：雄鹰

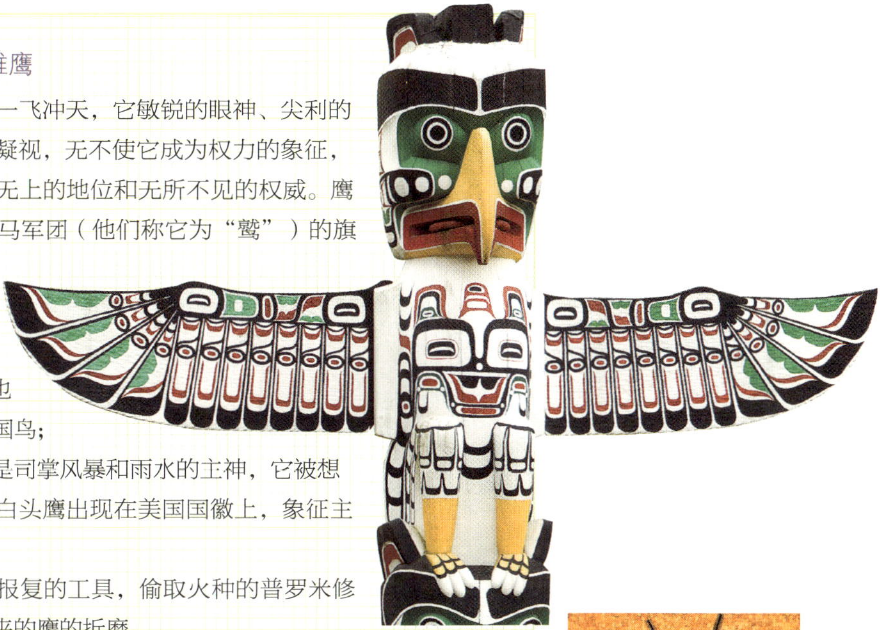

雄鹰张开巨翼一飞冲天，它敏锐的眼神、尖利的爪子、凶猛异常的凝视，无不使它成为权力的象征，代表它在空中至高无上的地位和无所不见的权威。鹰的形象出现在古罗马军团（他们称它为“鹫”）的旗帜上，双头鹰彰显的是罗马帝国和拜占庭帝国的国势和疆域。鹰也是阿兹特克帝国的国鸟；而美洲土著的雷鸟是司掌风暴和雨水的主神，它被想象成巨鹰的形象。白头鹰出现在美国国徽上，象征主权和独立。

鹰也可以成为报复的工具，偷取火种的普罗米修斯就遭受了宙斯派来的鹰的折磨。

鹰作为天空之神，是灵性智慧的化身。雄鹰吞噬毒蛇的形象，在世界范围内广为流传，代表灵性对抗野蛮，或是更简单的善对抗恶的胜利。鹰还是福音传道士圣约翰的标志，他的福音具有高尚的“灵性”特质。

蜂鸟

蜂鸟体型娇小，身披鲜妍亮丽的羽毛，是唯一能够向后倒飞的鸟类，被认为是众神的信使。在阿兹特克人眼里，这种鸟敢于挑衅身形往往比它大上数倍的生物，因而被视作战神维齐洛波奇特利，“南方的蜂鸟”的化身。

斯摩奇

伊朗传说中的斯摩奇或西默夫肖似一只长着狮子的前爪和犬类的头颅的巨大孔雀，代表天地力量的合体。它虽凶猛异常却也乐善好施，赐予大地丰饶的繁殖力，集世界的智慧于一身。它的寿命长达数个世纪，并和古典的凤凰一样浴火而亡。

巨鹏

阿拉伯传说和寓言中出现的巨鹏的形象部分来源于伊朗的斯摩奇。传说，巨鹏的身形硕大无朋，它的爪子能够腾空抓起一头大象，在“辛巴达的第五次航行”中，一只巨鹏朝辛巴达的船丢下一颗巨石将船击沉。据说，雷鸣就是这只巨鸟扇动翅膀制造的声响。

鸽子

在《圣经》中，鸽子是神的信使与和平的象征，它衔着一截橄榄枝飞回诺亚身边，昭示着上帝与人类达成和解。在基督教艺术中，白鸽是圣灵的象征，在天使报喜和耶稣基督的受洗中都有体现。在中国，鸽子则是象征长寿和婚姻忠诚的流行标志。

骗子渡鸦

在阿拉斯加和太平洋西北部的因纽特人和美洲土著的传统中，渡鸦是地位重要的造物主，兼具英雄与骗子的双重身份，也被用作氏族的族徽。渡鸦被赋予部分的人格，成为足智多谋的角色，反映了这种聪慧的大型鸦科成员的天性。根据某些说法，它的诞生颇具魔法色彩，一个女人吞食了一根羽毛或一块石头就产下了它。海达族中流传着这样一则故事，最初的洪水退却后，渡鸦发现了一个大型的氏族，成员都是战战兢兢不敢挪窝的小动物。渡鸦说服它们离开容身之处去探索世界，这些动物后来变成了第一批的人类。

在渡鸦身上，造物主和骗子的双重身份往往同时出现。钦西安人详细描述了渡鸦从众神那里偷来火种赠与人类的传奇故事。作为惩罚，渡鸦原本的一身白羽被众神烧成一片焦黑。另有传说讲述渡鸦从一个贪婪的酋长那里偷来太阳和其他天体，并将它们掷向天空；它还为人类带来了第一条鲑鱼、第一串浆果以及其他礼物。渡鸦是阿拉斯加因纽特人尊奉的主神。

鹤

在中国的传统中，鹤是一种吉鸟，比它更为吉祥的只有传说中的凤凰。据说，鹤可以一直活上数个世纪，幼鸟重复父母的鸣叫，因而成为长寿和孝顺的普遍标志。鹤翱翔于高空之上，是智慧和成功的化身，白鹤是皇帝的一品大员的官衔标记。鹤将灵魂带到来生，在中国传统葬礼上，人们用它的形象装饰棺木。然而在印度，鹤却昭示着背叛，而在凯尔特人的传说中，它往往是不祥之鸟。

天鹅

灵魂漫游与变形是天鹅广为流传的象征主题，在希腊神话中，宙斯化身为一只天鹅诱奸了美丽的勒达。而在凯尔特人的传说中，死者的灵魂披上天鹅的外衣往返穿梭于冥世。在爱神安格斯的故事中，他的少女恋人凯每隔一年就要变身为天鹅，而天鹅少女在俄罗斯和其他地域的民间传说中都有出现。传说缄默的天鹅只会在垂死之际引吭高歌，由此衍生出“天鹅之歌”的理念，代表一个人最后发出的振聋发聩的绝唱。

火之灵：凤凰

经典传说中的凤凰是一只身披丰美羽衣的神话之鸟，栖息于阿拉伯沙漠或埃塞俄比亚境内。有这样一种说法，此鸟的寿命长达500年，它在生命的尽头用芳香的嫩枝为自己在祭台上垒起火葬的柴堆，然后自焚身亡。紧接着，奇迹发生了，凤凰自灰烬中涅槃重生。这种生物逐渐成为重生和复活的象征，是神性智慧和火元素的代表。在中世纪的基督教艺术中，凤凰是基督复活的普遍标志，它和鹈鹕分别代表基督身上并存的神性和人性。凤凰还是贞洁的象征，因为它的繁衍不需要进行交配。

这种生物的原型至少部分来自埃及的太阳鸟，它的外形肖似波斯的斯摩奇。“凤凰”这个名字也对应中国的长生鸟。

鹪鹩

身形娇小的鹪鹩是鸣声最为悠扬的鸟类之一，当鹪鹩母亲遇到潜在的捕食者时，会义无反顾地绕着它振翅驱逐。它因此代表巨大的勇气和母亲的守护。鹪鹩与圣母玛利亚产生关联，有时被称作“圣母的母鸡”。

太阳鸟

赫利奥波利斯的太阳神殿是埃及人为供奉太阳鸟而修建的神殿，它是造物主太阳神的化身。这只金光闪耀的鸟儿被描绘成苍鹭的形象，给混沌的黑暗带来光明，并发出宇宙间的第一声清鸣。

凤凰

凤凰或中国的不死鸟是中国传说中最神圣的鸟类。它的外形往往肖似孔雀或者通身金毛的雉鸡，最初它可能是一位风神，并被尊奉为镇守南方的守护神，是太阳、温暖夏日以及收获的象征。凤凰是皇后的专属标志，而龙则是皇帝的象征，龙凤呈祥寓意婚姻生活的幸福美满。据说此鸟只在英明君主统治时期才会现身，诗人会异口同声地宣称凤凰来仪献媚于君王，因而它又与阿谀奉承扯上关系。

绿咬鹃

长着一身亮丽羽毛的绿咬鹃在美洲传说中被尊奉为繁殖和春天植被的化身。阿兹特克人将它视作他们的主神克特萨尔科瓦特尔（“绿羽蛇”）的化身。它也是危地马拉的国徽图案。

鹅

在埃及的某个传说中，太阳神化身为一只鹅引吭一鸣，发出天地间的第一声。此鸟是罗马战神的圣鸟，象征机警的品质，它们发出的嘎嘎叫声向军队示警，于公元前390年破坏了敌人对罗马城的卡比托利欧山发动的一场夜袭。梵天是印度神梵天的坐骑和标志，它是一只鹅或天鹅。

鸡

公鸡或雄鸡，象征警觉机敏的品质，同时也是男性气概的体现，对那些趾高气昂的虚荣之辈尤其如此。公鸡在清晨打鸣，道教将其视作晨祷的信号，而在伊斯兰教的信仰中，穆罕默德在第一重天中见到一只大公鸡，它引吭高歌“除了安拉，再无其他的神”。母鸡因天性懦弱成为胆怯的代名词，但它也象征着新生与哺育后代的母性。

鹳

鹳是春天的使者，在基督教传统中，它是基督降临的预兆。鹳是希腊神话中天后赫拉的圣鸟；赫拉是司掌生育的女神，这一角色大抵与鹳鸟送子的传说相关。在欧洲，一只鹳若是在你家的屋顶上筑巢，则被认为是一种吉兆。这种鸟不会忘记自己的巢的位置，因而被打上从一而终的标签。在中国，鹳和鹤一样都是长寿和孝顺的象征。

知更鸟

在树木萧条、众鸟南飞的冬日时节，知更鸟的身影尤为醒目。因而象征着忍耐持久的品质，又因它的无惧无畏，成为勇敢的代名词。它是圣诞之鸟，它那红色的胸脯自古以来就提醒着人们：基督是为人类流血而诞生的。在英国的民间传说中，知更鸟在为基督拔去额头上的一根棘刺时，身上沾染了基督的鲜血。

王室与纹章

自古以来，人们就习惯采用特殊的符号或标记，作为辨别个人或群体的方式。欧洲的纹章传统始于中世纪，应骑士的需求而生，他们往往全副武装，需要在白热化的战场上区分敌我。金色（或黄色）、银色（或白色）、红色、绿色、蓝色是常见的颜色，此外还用到诸多个别的符号，譬如狮子、野猪、雄鹰以及其他凶猛的野兽。十字军经常用到十字标记，但一般会避开绿色，以防被误认作穆斯林战士。

这些图案最初印在盾徽上，后来在其他和平的场合也逐渐作为英勇品质与王朝尊严的标志加以展示。其中，有些衍变得极其精妙复杂，盾牌的两侧由“扶盾者”共同拱卫，顶上加以“羽饰”（通常是一个头盔），再伴以家族的族训或铭文。多数统治者都设立了专门的机构，规范“纹章”的颁发，避免混乱或纠纷的发生。另外，还制定了特别的条例，区分子女和其他后裔的身份。城市和其他市政机构也会被授予纹章。

英法的纹章传统在美国和其他英语国家都持续延续下去，这种传统具有自身独特的符号，并大都从中世纪法语中发展出自身的专门语汇。比如，金色（或黄色）、银色（或白色）、红色、绿色、蓝色都具有分别对应的说法。如右上图中的印章所示，法国城市亚眠的纹章被作如下描述：“银色的常春藤覆盖着红色的原野，顶头盛开着法国的古老国花。”紧紧趴伏在红色“原野”（背景）上的常春藤象征着这座城市对王权的忠诚，王权则由“顶头”（顶带）的“法国古老国花”（代表法国王室的古老标志——鸢尾）来表示。

1493 年，克里斯托弗·哥伦布的纹章由西班牙国王费尔南多和王后伊莎贝拉授予的。纹章采用“四分”的结构，使用了多种符号。

狮子与独角兽

许多盾徽的两翼都附上被称作“扶盾者”的象征要素。大不列颠王室的纹章由分别代表英格兰和苏格兰的狮子和独角兽共同拱卫，象征两个王国的统一。

星星与条纹

早在 12 世纪，华盛顿家族祖传的纹章由两条红色的条纹和三颗星星构成。这枚纹章据说就是美国国旗的灵感来源，如今是哥伦比亚特区的徽标。

金色城堡

它是王室的标志，象征伊莎贝拉的卡斯提尔王国。她与费尔南多的联姻使两个王国合二为一。三座塔楼寓意三位一体，昭告王国是基督教信仰的坚强堡垒。

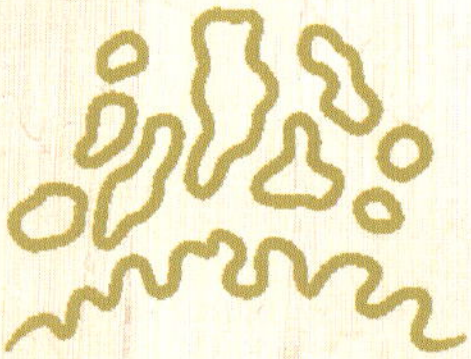

岛屿与海浪

哥伦布在纹章最初的“若干岛屿和几波海浪”的基础上添加了一块大陆。

哥伦布家族纹章

根据最初的政令，盾牌上的第五部分照例是哥伦布家族的纹章。哥伦布在加上代表统帅的船锚后，将家族纹章移到了现在的位置。

直立的狮子

它是费尔南多的莱昂王国的王室标志。“直立”是纹章学用语，意指“挑衅地用后腿立起”。狮子是最常使用的纹章符号之一。

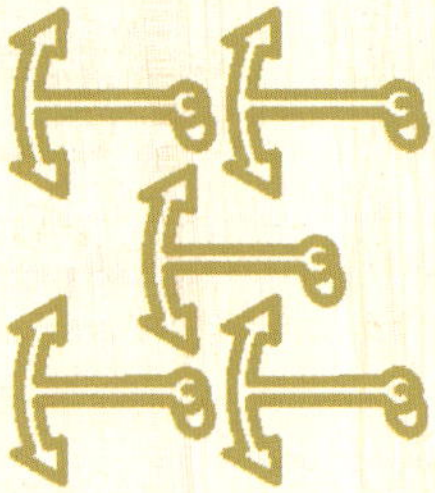

锚

哥伦布在他的纹章上增添了五只水平放置的金色船锚，表明这位出生于热那亚的发现者作为卡斯提尔王国“大洋统帅”的身份。

纹章上的野兽

纹章上的狮子是勇气、力量、正义的象征。它是君主的徽章，通常以后腿直立、向前直走（阔步经过）或向后转头（炯炯盯视）的三种形态出现在纹章上。猎豹在纹章上象征快如闪电的身形和高度警惕的天性，它除了身上多了斑点之外，与狮子并无二致。从高空俯瞰大地的凶猛的雄鹰是皇室另外一个常用的标志。双头鹰起源于罗马与拜占庭帝国，两只鹰头分别代表东西两大势力范围。这个符号被神圣罗马帝国皇帝和俄国沙皇继承。1806年，神圣罗马帝国覆亡后，这个符号继续被奥地利皇帝沿用。

其他野兽包括狮鹫、里昂鱼（代表海陆实力）以及双足飞龙（象征坚强的守护，将瘟疫和战争驱逐在外）。

俄国鹰

俄罗斯帝国的纹章（如右图所示）展示了一只两爪各执十字圣球（代表基督教）和权杖（代表君权）的黑色双头鹰的形象。它的胸部是一块盾牌，描绘着圣乔治屠龙的画面，顶头是代表“全俄罗斯”的王冠——俄罗斯、白俄罗斯、小俄罗斯（乌克兰）。间隔75年后，1992年，这枚纹章被重新采用，保留了王冠，但把象征帝国的黑色改成了金色。

蛇与爬行动物

没有哪一种动物符号比蛇流传更为广泛，内涵更为多样深远了。蛇以各种形态出现在世界范围内，相比其他生物，它激起更多神秘和崇拜。蛇穴居于地下，代表大地和冥界的力量。它还象征着秘而不宣的知识和黑暗不祥的力量。蛇的毒液会招致伤害乃至死亡，它是潜伏的敌意和奸诈的化身，它是撒旦的宠物，而撒旦自身在犹太教和基督教的传统中就是一条“巨蛇”。在英格兰的部分地区，直到 20 世纪晚期，仍有人会杀死他们在春天里碰到的第一条蛇，认为这样做就会驱逐这一年中的所有敌人。

然而，蛇除了这些消极的意义外，还是大地力量的化身，集法力无边的地母的爱宠，这些地母包括希腊的盖亚和阿兹特克的夸特里姑。因此，蛇也是创造、繁殖、守护、治愈的象征。这一点源于蛇的一个一直以来显得最令人奇特的习性——定期蜕皮。这被诸多传统解读为此种动物具有神奇的再生、甚至复活的能力。蛇因此被冠以变形、治愈、魔法等能力，蛇肉、蛇毒以及蜕下的蛇皮都被众多社会用于传统的治疗之中。

人们还常常将蛇与创造宇宙的力量联系到一起。印度教的神话描述诸神将婆苏吉（一条庞大的那伽或蛇神）盘绕在一座山上，然后分别拉扯蛇头和蛇尾，使整座山转动起来。转动使原始的乳海像被搅拌的奶油一样陷入剧烈的涌动，由此开启了创造宇宙的进程。根据印度教的宇宙观，宇宙处于创造与毁灭的永恒循环之中，居于循环之间的是伟大的创世神毗湿奴，他安躺在宇宙蛇舍沙盘曲的蛇身之上。

水生的蛇

水蛇往往具有致命的毒性，代表幽暗水下肉眼无法觉察的危险，它激发了神话中令人生畏的大海蛇的形象，这一点在航海民族的传统中尤为明显。希腊神话中有被赫拉克勒斯击败的九头蛇海德拉、杀死拉奥孔和他的两个儿子的海蛇，以及从船上掠走水手的六头海怪斯库拉。在北欧神话中，有一条叫作尼德霍格的蛇盘踞在海洋底部，不断啃噬宇宙之树的根部，代表不可避免的改变和毁灭。但是水蛇有时也是能力超强的创造者。对亚马孙河流域的里约印第安人而言，水蟒是神话传说中人类的祖先，它沿着大河溯流而上，从腹中将第一批人类接到陆地上。非洲和澳大利亚则流传着彩虹蛇的传说，这条蛇是伟大的创造者，深居于水底世界，当它在空中现身时，则化为一道彩虹。

蛇丘

位于俄亥俄州亚当斯县的大蛇丘是一座不朽的土方工程，全长 400 多米，1000 年前，由土著居民建造完成，描绘了巨蟒吞蛋的景象。“蛇头”指向夏至日落的方向，因此，这座模拟工程也许象征着太阳（“蛋”）在仲夏（一年中光照开始转折的时节）时节被宇宙蛇吞食。蛇在美洲土著的眼中是充满力量的象征。

巨蛇皮同

在希腊神话中，原始的大地女神盖亚派巨蛇皮同驻守她在德尔斐的神庙，德尔斐被认为是世界的中心或肚脐。皮同象征大地的神圣能量和神谕力量，而德尔斐神谕所的女祭司皮媞亚则能够受到恩惠，使用这种力量。根据传说，皮同后来被太阳神阿波罗杀死，阿波罗随即占据了德尔斐，并将其作为自己的主要神庙。

乌洛波洛斯

乌洛波洛斯或尤洛波洛斯，是一个极其古老的符号，形象为一条吞食或吐出自身的蛇。它代表宇宙的永恒循环、二元超越以及对立统一。这个符号最初代表埃及的太阳神在结束冥府的夜间巡游后在第二天重获新生。

蛇杖

蛇杖自古就是医师的徽章，它由两条蛇围着一根有翼的权杖相互缠绕而成，是希腊医神阿斯克勒庇俄斯（对应罗马的埃斯库拉庇乌斯）的标记。那些寻求解药的人会在医神神殿内与群蛇共眠。这个标记代表蛇的双重属性，具有施加善恶的双重力量；它既是毒杀者，又是大地盖亚的孩子，是大地的治愈魔力的承继者。神明赫尔墨斯（墨丘利）手持的蛇杖代表信使的手杖，是和平和守护的象征。

瓦吉特

眼镜蛇受到埃及人的尊崇，是下埃及尼罗河三角洲地区的眼镜蛇女神瓦吉特的化身。瓦吉特以金色圣蛇的形象装饰着法老的王冠，它直立起身躯，将毒液喷射入法老敌人的眼中。与瓦吉特相对应是南部上埃及的秃鹫女神奈库贝特。

那伽

那伽在印度传说中频繁出现，他们是蛇神，通常被描绘成眼镜蛇的形象。他们代表天地的联通以及诸如地震之类的隐性力量。在佛教传说中，七头那伽目支邻陀撑起颈后的七个圆扇为陷入冥想的佛陀挡住风雨。蛇自黑暗中来，现身于光明，成为觉悟的象征。

夸特里姑

阿兹特克的大地女神是夸特里姑，名字意指“蛇裙”，她被描述成精神转化为物质的中介，以一条蛇（夸特里）的形象呈现：一条首尾各有一颗蛇头的蛇是她的标记之一。夸特里姑是绿羽蛇神克特萨尔科瓦特尔和太阳神维齐洛波奇特利的母亲。

蛇的幻影

对玛雅人而言，蛇象征生命的精灵。他们认为，神圣的祖先会借蛇的形态显身，并以此选定新一代的玛雅统治者。在放血的献祭仪式中，纸张被献祭执行者的鲜血浸透，然后在焚烧仪式中释放出“蛇的幻影”，让精灵以烟影的形态显现。在玛雅艺术中，这种精灵被描绘成不断扭动身躯缠绕的蛇。

摩西的手杖

根据《圣经》记载，上帝吩咐摩西铸造一条铜蛇作为治愈蛇伤的道具（《民数记》）。铜蛇的形象被基督徒理解为基督被钉在十字架上的预兆，基督用自身的死亡洗涤人类的罪恶。中世纪的艺术描绘一条被钉在十字架上的蛇的意象，借它寓意复活，象征精神王国是物质世界的升华。

巴西利斯克

在古老的动物寓言中，巴西利斯克（蛇尾鸡）是一种长着小公鸡身躯，有着翅膀、拖着蛇尾的怪物，它的目光可以杀死任何一个不幸与此种生物对视的人。它更早的希腊原型只是一条头部有突起的蛇，就像戴了一顶王冠，因此得名basiliskos，意指“王室的”；它的现实灵感就是眼镜蛇。在基督教传统中，这种生物是欲望的象征。

美杜莎

戈尔工是面目狰狞的三姐妹，她们的头发是无数蠕动的毒蛇，她们的目光会使生灵变作石头。英雄珀尔修斯为了避免与她对视，借助了锃亮的盾牌，战胜了戈尔工美杜莎，割下了她的头颅。后来，他利用这颗毒蛇盘绕的头颅将敌人化为石头。从美杜莎被割的头颅滴下的鲜血变成两头蛇，这种蛇的首尾各长着一颗头。两头蛇象征二元与分裂，又因两颗头都可以发起攻击，因此，带有不可预测的性质。

蛇形撒旦

在基督教的传说中，撒旦化身为一条蛇诱惑亚当和夏娃偷食伊甸园的禁果，导致人类丧失了纯真。上帝惩罚蛇从此永远要以腹贴地爬行。

鳄鱼

鳄鱼是欺诈的代表，也象征水中的种种危险。它是埃及神祇索贝克的圣物，索贝克的形象是一个长着鳄鱼头的男子。在非洲的其他地区，鳄鱼被敬为祖先的精灵和水域之主，是繁殖力的象征。

火蜥蜴

希腊寓言描述火蜥蜴浴火而生，因而天生对火免疫。罗马人认为石棉是火蜥蜴身上脱落的毛发。在基督教中，火蜥蜴象征对性欲和激情之火的抵制，而在炼金术中，它就是火和硫黄的符号。此外，它还是勇气的象征。

三毒

在佛教传统中，蛇是代表觉悟的符号，同时也是嗔的代名词。嗔、贪（化身为猪）、痴（化身为公鸡）为“佛教三毒”，它们加剧消极的行动，使存在堕入出生、死亡、重生的“无涯苦海”之中。这些生物都在“六道轮回图”的中心图像上有所描绘。

宇宙龟

在诸多传统中都有这样一个理念，即世界是建立在一个巨大海龟或乌龟的背壳之上的。由此，龟成了代表力量或永恒的符号。在美洲土著的创世神话中，世界最初是一片无边无涯的混沌水域，所有生灵都生活在高悬其上的天空国度。有一只动物，可能是麝鼠、甲虫或黑鸭，离开天空潜入水底，想取回一捧淤泥。淤泥取回却无处安放，于是一只海龟现身将淤泥放在自己的背上。这个生灵一点一滴地带上来足够的淤泥，创造出干燥的陆地，成为生命勃发的新世界。在中国古代神话中，创世女神女娲用巨龟的四足立起四极天柱；在印度教神话中，那座搅动乳海的山由巨龟俱利摩驼载，它是毗湿奴的化身。

阿佩普

每天晚上，埃及的太阳神都要乘着小舟穿越冥界杜亚特的水域，他的护卫要击退一路上来自黑暗势力的袭击，这些势力由一条冥界的巨蟒阿佩普（阿波菲斯）为代表。这条蛇通常表现为被凶猛的塞特神一矛穿透蛇身的形象，代表太阳每夜取得的胜利以及秩序对混乱的征服。

龟与鼋

龟在陆地上行动迟缓，遇到捕食者便藏身到壳内保持相对的安全，它们的寿命极长，因而成为安定和长寿的标志。一只海龟一次能产200颗蛋，在众多传统中逐渐衍变为繁殖的象征。比如，玛雅人就将它们与雨水和沃土之神恰克联系在一起。龟还在宇宙的创造和维持中发挥作用，它们一般被视作驼起天穹或大地的角色。玄武（龟）与青龙、白虎、朱雀共同构成中国传统的四大神兽。据说，正是一只乌龟将创世的秘密透露给始祖伏羲的。

青蛙与蟾蜍

也许是因为青蛙和蟾蜍产子的数量众多，人们将它们视作丰饶和繁殖的象征。埃及的青蛙女神赫凯特是孕妇和新生儿的守护神，“赫凯特的仆人”这一头衔可能专指助产士。蟾蜍分泌毒液，与青蛙相比，它是更为险恶的标志，是邪恶女巫的常客。它的交配习性极其活跃，因而成为性欲的符号，是爱之女神阿佛洛狄忒的圣兽。中国的民间故事流传月宫中有一只三足蟾蜍，能够口吐金银钱币。蟾蜍因而成为财富、不朽、月亮的象征。此外，因“蟾”与“馋”（贪）二字谐音，蟾蜍也是贪婪的代名词。

昆虫与节肢动物

昆虫和节肢动物往往是积极品性的象征，譬如坚毅、勤劳、合作的精神。它们有时还具有深刻的象征维度。其中，蝴蝶从固着在地面上的毛虫蜕变为飞舞在空中的五彩斑斓的生物，使其成为再生、重生、复活的广泛标志。甲虫或蜣螂将卵产在它推动的粪球里，卵最终孵化时，幼虫靠粪球滋养。埃及人将拂晓时分的太阳神凯布利描绘成圣甲虫的形象，它推动太阳从冥界翻滚上来，由此，太阳赐予生命的力量才再次苏醒（如下图所示）。

然而，昆虫和节肢动物也往往长有毒刺，惯于悄无声息地在黑暗的地界爬进爬出，招惹来消极的象征意义。其中，蜘蛛就是这种矛盾性质的集中代表。它辛勤劳作，富有耐心，有一身杰出的编织本领，受到人们的普遍称赞，被塑造成创世主和传统英雄的角色，诸如，玛雅人的编织生命之网的“伟大织工”，守护纳瓦霍人和祖尼人的先祖“蜘蛛女”。苏格兰流传着一则著名传说，讲述国王罗伯特·布鲁斯发动了六次对英格兰人的反击，都惨遭失利，他在逃亡途中无意间注意到一只蜘蛛锲而不舍地织网，他大受震动于是决定再试一次，最终成功地将英格兰人驱逐出苏格兰。

与此同时，蜘蛛也因其毒性而臭名昭著（事实上，它们鲜少有毒性），它设下隐蔽的陷阱，等待毫无防备的猎物撞上门来，猎物越是激烈挣扎，反而越陷越深。这使蜘蛛成为背叛、无情、欺诈的“纠结之网”的普遍标志。

蝴蝶

在诸多传统中，毛虫化为蛹，再破茧成蝶，完成不可思议的生命周期，这个周期象征着灵魂从生到死、升入天堂并最终复活的过程。然而蝴蝶的生命倏忽即逝，习性飘忽不定，这又使它成为反复无常、浅薄虚荣的代名词。

飞蛾

飞蛾这种“暗夜蝴蝶”会扑向对它有吸引力的火焰，落得烧成灰烬的结局，象征着陷入爱恋之人或者渴求被神之火焰吞噬的虔诚信徒遭受的内心的煎熬。有时，它也象征纯粹的鲁莽。

勤劳的蜜蜂

蜜蜂对众多社会都有重要的意义。它是蜂蜜的供应者，糖和制作蜡烛的蜂蜡的主要来源。作为夏天的先驱，它具有和太阳、光明挂钩的象征意义，根据埃及的神话，它是由太阳神流下的眼泪化成的。蜜蜂一度被错误地认为是无性繁殖的，因而也成了贞洁的象征，在基督教传统中，它是圣母玛利亚的化身。

主宰一切的蜂王是代表女性力量的符号，她统领的蜂巢熙熙攘攘，象征勤劳的品质和秩序井然的高效社会。人们也用它来形容诗人或演说家，他们都是流溢如蜂蜜般甜美言辞的载体。蜂蜜酒是由蜂蜜酿造的美酒，智慧与灵感被酝酿其中，北欧诸神就饮用具有魔力的蜂蜜酒。收集蜂蜜要承受被蛰的风险，基督教传统把它用作寓言，寓意追随基督就要冒殉道的危险。然而，通过基督，信徒们必将克服死亡的“毒刺”（《哥林多前书》），采到复活和救赎的“蜂蜜”。

蚂蚁

蚂蚁是象征勤劳和创造性合作的普遍符号，人们认为它们会储藏小麦或大麦过冬，因而蚂蚁也是深谋远虑的代名词。事实上，人们经常看到的蚂蚁负载的“谷粒”往往是蚂蚁族群的幼虫。在西非的部分地区，蚂蚁和白蚁代表繁殖，蚁丘或白蚁的蚁堆象征大地的繁殖器，它在时间之初与天空交媾，创造了世界。

毛虫

毛虫会发生奇异的变形，化作飞蛾或蝴蝶，因而被广泛赋予重生与复活的意义。甚至，它们还被附加上治疗的功效，在英格兰的部分地区，直到20世纪50年代，仍然有人将浑身毛刺的毛虫挂在脖子上，希冀治好百日咳的病症。

蜈蚣

在中国，蜈蚣是“五毒”（蜈蚣、壁虎、蝎子、蟾蜍和毒蛇）之一。直到今天，它的图案仍被织入或绣进一系列的人工制品中，尤其是小孩的衣服。作为一种符咒，借助以毒攻毒的法则，驱逐五毒和其他危险。

瓢虫

瓢虫别称红娘、胖小、金牛、金龟、花大姐，这种为人熟知的亮红色的甲壳虫是圣母玛利亚的圣虫，它背部的黑点被认为是她对着基督被鲜血染红的尸体抛洒的眼泪。在更早的时期，它是北欧爱之女神芙蕾雅的创造物。在欧洲的民间传说中，据说它会落到那些即将找到心上人的人身上。

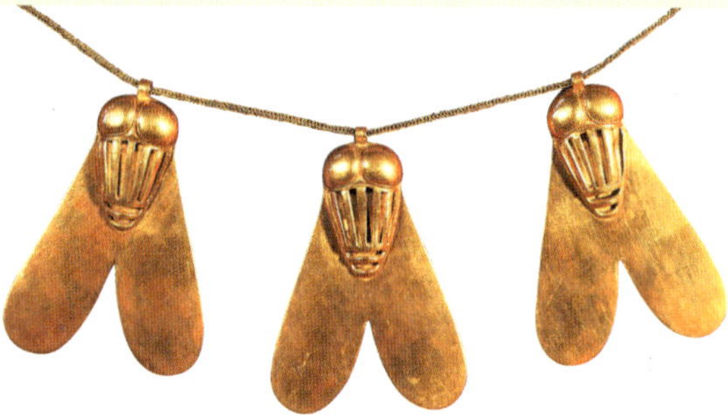

蜗牛与鼻涕虫

蜗牛是月亮的符号，它的壳状似满月，身体在壳内伸缩自如，如同月亮的“阴晴圆缺”。蜗牛和鼻涕虫的外形分别像是男（蜗牛的触角）女（底部和黏液）生殖器兴奋时的状态，这使它们成为性欲和繁殖的符号。

蝎子

人们普遍认为蝎子等同于毁灭与死亡，在埃及它是混乱之神塞特的符号，塞特化身为一只蝎子攻击他的对手荷鲁斯。天蝎座传说是一只蝎子，女神阿尔忒弥斯（狄安娜）派它杀死目中无人的猎人俄里翁。

苍蝇

埃及人欣赏苍蝇的韧性和坚持，世上已知的最早奖励作战勇猛的勋章传说是埃及法老颁发的“英勇金蝇”。在莎士比亚的笔下，苍蝇代表被残酷的命运之手推来搡去的人类，正如失明的格洛斯特在《李尔王》中发出的感叹：“我们之于神明，如同苍蝇之于顽童；他们以杀我们为消遣。”

传奇野兽

人类突破了动物王国的局限，创造了众多独特的、仅存于人类想象中的野兽形象。这些野兽也许是现存的物种在寓言中的折射，譬如雷鸟、三头犬刻耳柏洛斯以及幻想中的杂交体（如人马怪、狮鹫兽等）。这些生物一般野性未驯，有时扮演毁灭者，有时扮演守护者，有时两者兼具，且往往拥有特殊的能力。它们体现了宇宙的自然力量，是代表宇宙秩序和混乱的符号。

在所有的传奇野兽中，龙是最引人注目的。龙或称“巨蛇”“巨虫”，往往被描绘成一种生有双翼的巨型爬行动物，在多数文化中都是受人喜爱、恐惧、敬畏的存在。四种元素土、气、火、水在龙的身上共同作用，龙入潜土中或水底，在气中飞行，抑能喷火。诸多民族将彩虹解读为一条宇宙巨蛇或巨龙的身躯，它将秩序井然的世界与肉眼不可见的彼岸天国（或混沌的国度）分离开来。对心理学家而言，龙身上汇聚的二元本性代表人类心灵的内在冲突，反映光明（意识）与黑暗（潜意识与我们另一面的险恶个性）的互动。

一些传奇动物极有可能脱胎自旅人描述的在遥远异乡见到的真实物种，但更多的无疑是人类想象的产物，这种想象既未受科学知识的局限，也对大自然的边际缺乏认知。

中国龙

在中国古代传统中，龙虽凶猛，却往往拥有一副慈悲心肠，扮演着守护神的角色，也守卫着众神的天庭。青（苍）龙代表东方、太阳以及丰饶的大地。龙的能量将所有的自然现象连为一体，据说海龙既能降下滋润的甘露，也能兴起狂烈的风暴。根据中国的堪舆（风水）体系，龙决定了地形地貌，风水师会根据“龙脉”的走向安排建筑和家具的布局，“龙脉”是在地下穿行的龙的强大能量。大禹是传说中的君王，开辟了中国的夏朝，于是，他就拥有龙的血统。据说所有的皇帝都是禹的化身，五爪龙是帝王至高无上的标志（而皇后的标志则是凤凰），平民未经许可擅自使用这个符号将获死刑。

蟒龙

这种普通的龙不同于帝王之龙，它只生四爪。龙通常表现出抓攫火球的画面，这枚火球其实是它吐出的龙珠。传说，龙能够发散月的精华，浓缩为一颗龙珠。

麒麟

麒麟起源于中国，后传至东亚诸国，是一种瑞兽。它集鹿身、牛尾、马蹄和小小的独角于一身，经常被描绘成通体遍布色彩斑斓的毛发或鳞片外加火焰的形象。唯有明君在位，麒麟才会降世。

龙虎相争

日本的龙从中国早期的三爪龙演变而来。据日本的神话记载，竜（龙）是灵性自然的化身，它与代表物质自然的虎处于永恒的冲突之中。这种冲突会引发地震、雷暴以及其他自然现象。

狮鹫兽

狮鹫兽（格芬或格里芬）是狮子与雄鹰的强强联合。它在神话中以凶猛却善良的财富守护者的形象出现，代表机警的品质与复仇的能力（在希腊神话中它是复仇女神的圣兽）。

圣米迦勒与龙

在基督教中，龙是邪恶的化身。《启示录》中记载大天使米迦勒是天使军团的统帅，他击败了一条长有七颗脑袋的龙，这条龙是撒旦的化身；七颗头被认为代表七宗罪。据说撒旦化身为一条龙吞食了公元3世纪的一位殉道者——安条克的玛格丽特，但她画了一个十字，便从龙的身体里破肚而出。

奥西里斯的龙身

埃及龙王的形象是一条生有双翼的蛇，它是神明奥西里斯的化身，奥西里斯是死者之王、冥界之主、丰饶之神。人们相信，这条龙促使尼罗河每年泛滥，给田地补给水分和肥沃的淤泥。

埃及的狮身人面像（斯芬克斯）

倚躺的狮子镇守着神庙，在相关记载中，狮身还长有鹰翅，它是太阳神的神灵在法老（由狮身人面像守护）身上的体现。狮身人面像往往长着一副人的面孔（底比斯的众多狮身人面像却生着羊头），可能是依照某位特定国王的面容雕刻而来，比如，吉萨的狮身人面像就是参照法老哈夫拉的长相制作的。希腊的斯芬克斯长着女人的头颅，喜欢给人出谜语。荣格将她视作代表贪婪母亲的符号。

凯尔特龙

曾有一个凯尔特威尔士的传说，描述两条打斗的龙发出的吼啸响彻四方，直接令妇女绝育。在另一则传说中，勇士尤瑟梦到一条红龙，醒来后给自己取名潘德拉贡（“大龙头”）。红龙成为尤瑟和他的儿子亚瑟的标记，数个世纪以来一直是威尔士的象征。

喀迈拉

能够喷火、令人生畏的喀迈拉是如此稀奇古怪的存在，人们逐渐用它来指代任何天马行空、未经证实或根本不存在的生物。它长着狮子的上半身、蛇的下半身或尾巴，背上顶着一颗山羊的脑袋。最终，它被骑着飞马的英雄柏勒洛丰斩杀。

珀尔修斯与安德洛墨达

在希腊神话中，国王克甫斯将他的女儿安德洛墨达锁在靠近约帕（雅法）的一块岩石上，希冀平息海龙刻托的怒气。骑在飞马上的英雄珀尔修斯杀死了这条龙，救出了安德洛墨达。这个故事象征着来自天空的神力必将战胜黑暗混乱的势力，后来基督教的圣乔治的传说也脱胎于此。

独角兽

独角兽经常被描绘成白马的形象，顶着一只螺旋的角，蹬着鹿蹄，是童贞、纯洁、女性气质的象征。据说这种生物不喜与人为伴，独角兽也代表基督，它将头或角倚在圣母玛利亚的腿上，定格成一幅象征天使报喜的画面。据说独角兽的角可以验毒并化解毒性。

人马怪

人马怪是人的身体和马的躯干的结合体，是野蛮和淫乱的集中体现，代表人与自身的性冲动斗争的内在混乱。不过，人马怪喀戎却睿智善良、博学多才，他是阿波罗的朋友、阿喀琉斯和其他英雄人物的老师。

厄喀德娜与堤丰

在希腊神话中，地母神盖亚与她代表黑暗的兄弟塔尔塔罗斯结合，生下厄喀德娜与堤丰，这一对儿女象征黑暗的宇宙力量与触犯禁忌的危险。厄喀德娜拥有少女的上半身，下半身是一条丑恶的蛇；堤丰是长着一百颗脑袋的巨人。他们同样兄妹结合，产下诸多怪物，包括涅墨亚猛狮、勒拿海德拉、刻耳柏洛斯、俄耳托斯、喀迈拉、希腊的斯芬克斯等著名的野兽。

珀伽索斯

在希腊神话中，珀伽索斯是一只生有双翼的飞马，它是波塞冬和美杜莎结合的产物。珀伽索斯的马蹄踏过之处，都有泉水涌出。有一次它正饮着泉水，不慎被柏勒洛丰擒住，成为他的坐骑，载着他战胜了喷火的喀迈拉。

刻耳柏洛斯与俄耳托斯

它们是凶神恶煞的看门狗，刻耳柏洛斯看守地狱，三颗狗头象征生命、死亡、来世；俄耳托斯是巨人革律翁的双头守护犬，代表超越自然的机警。它们都被赫拉克勒斯征服。

阿玛美特

它来自埃及传说，又叫阿米特或阿蒙特，是一种令人胆颤的生物，专门在冥界吞食人的灵魂，执行神明的惩罚。它的外形结合了潜伏于尼罗河流域的三种真实存在的危险猛兽，表现为鳄鱼的颚连接狮子的头颅和鬃毛，最后安在河马的身躯上。

道教

“道教”是中国传统的一套宗教思想和仪式的总称。它的背后隐藏着一种古老的观念，即宇宙和其中的万物贯通着一种名为“气”的力量或精华。气由两股相辅相成的力量“阴”与“阳”构成，它们原指山的背阴（阴）和向阳（阳）的两面。阳指的是所有雄性、明亮、坚硬、干燥、温暖和积极的事物，阴指的则是雌性、黑暗、潮湿、寒冷和消极的事物。至关重要的是，万事万物都包括阴阳两面，阳一旦占据主导地位，内部就必然酝酿着阴的种子，反之亦然。因此，代表至阳的夏季必定会过渡到至阴的冬季。阴阳的全部原理在太极符号中得到了抽象的概括，太极展示了处于平衡状态的阴阳两极，各自包含着彼此的种子。

阴阳系统与五种元素或五行共同作用，五行是转变的抽象力量，分别是火、木、土、水、金。头两个属阳，后两个属阴；土属中性，代表平衡之点。宇宙万物和所有转化都可以根据五行和阴阳的流动加以归类。所谓道教，指明的就是“道”“气”不断被创造和消解的原理，促使宇宙间所有现象的生成。

更具体而言，道教也是一种宗教哲学和仪式修行。从这个层面来讲，它是基于“无为”或“不干预”的理念，学会悟道却不干涉，顺应着气的走向达到生命的和谐和有序。道教修行的一个目的是长寿，道教的炼金术士长期醉心于对长生不老的追求，道观中也预留下专门的位置供奉八仙。

道教的象征手法无处不在。这座道观的香炉（如上图所示）以三足鼎立分为三层，代表中国天、地、人三位一体的概念；炉身铸成八面，寓意吉祥。道士穿的道袍遍布象征符号，如（下图中所示）这件 19 世纪的道袍。

鹤

白鹤的寿命据说长达600年，它是神仙在各界穿行的空中交通工具。

卦

三条线形构成八种组合，用于中国的占卜：断开的线形代表阴，没有断开的线形代表阳。道袍上的两个卦形分别代表西/水（左）和东/火（右）。

蝶与菊

蝴蝶代表夏天，菊花代表秋天；它们共同构成阳与阴，象征季节的更迭。

蝙蝠

这些蝙蝠（福）经过艺术化的处理，通体呈竹绿色，象征道教的八仙。云（运）代表天界。“蝠”和“云”谐音幸福与好运。

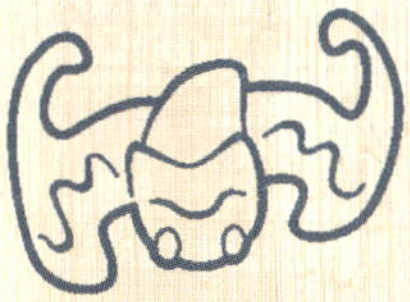

青龙

它是古老传说中的生物，作为三月的星宿显身，代表春季、东方、阳极。

白虎

这种生物作为秋季的星宿出现，代表西方与阴极。

人类

大多数民族都认为生命有三个差异显著的阶段：童年、成年和老年。人类的故事常常被看作一段衰亡史，起初拥有纯真的心智和完美的体魄，后来却变为寿数有尽、道德无常、任凭命运摆布的状态。

生命与命运
最初的人类
身与心
脉轮
性与生育

生命与命运

贯穿人类全部历史、神话、心理活动的是人类对自身终有一死的意识，我们认识到婴幼年和青春期必将逝去，所有的生物只能共赴同一个终极命运。

时间老人

时间常常被描绘成一位老人的形象，身后的双翼让人产生“时光飞逝”的联想。他一手托着沙漏，一手握着镰刀，那镰刀与死神用来收割生命的镰刀并无二致。这一形象在某种程度上源自主掌农业（镰刀由此而来）的古神克洛诺斯（萨图努斯），他的名字与表示“时间”的希腊语 chronos 发生混淆。

时间老人

谨记终有一死

文艺复兴和巴洛克艺术有一个共同的主题，即 memento mori，拉丁语的字面意思是“谨记终有一死”，提醒人们生命可以在任何瞬间戛然而止，青春与美貌会不可避免地走向衰颓。花开不多时旋即凋谢枯萎的玫瑰是常用的一个意象。

谨记终有一死

坟墓

坟墓首先是纪念碑，以期逝者继续活在生者的记忆里，其次它往往还见证了逝者丧葬时的宗教传统。然而，坟墓也经常被视作逝者的

坟墓

家园、亡灵的安息之所、通往来生的门户。从中国、埃及到中美洲，坟墓里陪葬了与逝者生前所需一模一样的物品，从食物、家用器具到兵器不等；在精英阶层的坟墓中，还会有侍仆和武士随葬。

骑士的梦

安东尼奥·德·佩雷达·萨尔加多的《骑士的梦》包含骷髅和其它浮华尘世的象征物，诸如钟表、玫瑰、财宝、容貌年轻的面具等。骑士梦到一个拉着横幅的天使，警醒世人死神的存在："舍命求，转瞬逝，万古如此。"

最初的人类

人类的起源让众多文化为之着迷，几乎每一个传统都对第一个人类的出现有自己独特的说法。最初的人类通常是一对夫妻，而第一个男人则往往先于第一个女人出现。这无疑反映了众多社会的父权结构。女性是人类众恶之源的说法进一步坐实了女性的劣势地位，比如犹太教和基督教中共同流传的亚当和夏娃的传说。

但是毛利人和诸多美洲土著的传说却奉一位女性为第一祖先。在毛利人的传说中，泥胎少女 Hine-Hau-On 的肉身是以一座岛屿的沙子塑成的，这呼应了"人类是用泥土或黏土"捏制出来的普遍主题。《圣经》中广为人知的说法是神将生命的气息吹进泥人，但关于人类的创造《圣经》其实有两种版本的说法。一种简单的说法是上帝根据自己的形象造人，依据自己的形象造男造女（《创世纪》），另一种说法是上帝用泥土造出男人，再取出他的一条肋骨造出女人。其他文化中有不少传说与后一种说法类似，譬如中非就流传着"第一个女人是从第一个男人的左膝中造出来"的说法。

亚当与夏娃

根据《圣经》所述，亚当和夏娃是人类的始祖，他们集最初的纯真与后来的堕落、叛逆、罪恶的典型象征于一体。他们的故事解释了人类的羞耻、死亡、疾病、痛苦等人类境况的起源。

女娲与伏羲

女娲和伏羲来自中国最古老的神话。女娲女神被尊为人类的创造者和保护者，她将一根藤蔓浸到泥水里，然后向四面八方轻挥藤蔓，每一个泥点落地都变成了人。伏羲神教给人类捕鱼、农耕、音乐、书写等技能。女娲和伏羲一同出现时，他们往往拥有两条互相缠绕的蛇尾，象征大地的创造力以及雄雌力量的结合。

来自洞穴

美洲民族敬奉洞穴，认为人类最初就是从地底钻出，再跨出洞穴来到世上。这些人类是因为自身的过失被迫爬升到地面，因此，他们现身的山洞也成了道德从低劣进阶到智慧的象征。人类爬升到现身的临界点时，往往会得到玉米之母或蜘蛛女神的指引，她们都是代表大地及其力量的神祇。

普罗米修斯

在古典神话中，神祇普罗米修斯用黏土造出第一个人类，并为人类从天上盗来了火种。为此宙斯将他拴在一块巨石上，一只鹫鹰每天飞来啄出他的肝脏，只为它再长回来继续新一轮的折磨。在某些记述中，普罗米修斯用火激活了泥人的生命，因此，他成为点燃人类智慧与创造力，使其区别于野兽的“神之火花”的象征。在基督教的传统中，他为人类奔波、饱受折磨的形象预示着基督的到来。

文化英雄

许多有关人类起源的神话都涉及文化英雄。他们是带来火种和农耕技术等生活和文化必需品的超自然存在。他们当中有不少骗术一流，如美洲土著传说中的渡鸦和郊狼，能够以强夺或诈骗的手段让神明交出一直被小心守护的知识。从古典希腊的普罗米修斯、阿兹特克的泰兹卡特里波卡，到基里巴斯的曾经诱捕了太阳的密克罗尼西亚英雄比尤、美洲切罗基土著传颂的谦逊的“水蜘蛛”，从神明那里盗取火种是一个不变的主题。文化英雄既象征了人类与神界的联结，又代表了人类通过反抗挑衅与神界的分离。因此，他们表现了人类追求自由的精神，扮演着不屈不挠打造自己一方天地的近乎神性的角色。

第一个女人

对纳瓦霍人而言，第一个人类是女人，这一想法也出现在美洲土著的传说中。根据东北地区的休伦族和易洛魁族的传说，人类的始祖是阿坦特斯克，她是大地女神、天人的后代。对美洲众多土著民族而言，玉米一直是创世神话的中心主题，比如，玉米之母是阿里卡拉人的创造者，而切罗基族人则流传着名叫塞露（“玉米”）的第一个女人的故事。

陶工之神库努牡

陶工和造物之神库努牡的形象是一个长着公羊头的男子，他与丰饶的土壤和尼罗河每年的泛滥有关联。在埃及的创世神话中，他在陶工的陶轮上用黏土塑出了人类。他是生命本源的象征，古埃及语中的公羊（巴）就是指“灵魂”“精神的本质”。陶工之神在非洲其他地区的创世神话中也普遍出现。比如，在卢旺达，女人在夜间会在床边搁水，以便造物主在她们的子宫里用泥胎造出娃娃。

潘多拉

宙斯因为普罗米修斯的罪要惩罚人类，他造出了第一个女人潘多拉，当作礼物送给普罗米修斯头脑愚钝的兄弟厄毗米修斯。潘多拉带着一只神秘的“盒子”，她一打开盒子，就把邪恶和疾病释放到人间，唯独把希望留在盒内。

梦创时代

梦创时代指澳大利亚的史前时代。人们认为，在梦创时代，英雄始祖们会以人类、袋鼠、沙袋鼠、蜥蜴、鸟类、蛇类等形态在大地上穿行，留下神圣的轨迹，创造出岩石、溪流、洞穴等不同的地貌。

身与心

西方的宇宙学传统曾一度认为人体是一个小宇宙（希腊语 mikros kosmos，“小世界”），身体的每个部分都对应神的宇宙——大宇宙（makros kosmos，“大世界”）的某个部分。比如，眼睛对应太阳和月亮，肉体对应大地，智慧对应苍穹中的“以太”。此种假定构成了占星学的一大基石，占星学认为行星和恒星的运转会在人的个体身上产生相应的影响。原人亚当是犹太教神秘学的卡巴拉传统中完美的人类原型，他是神的形象的反映，是连接人类与造物主的纽带。

一般而言，人体的每个部位都拥有象征意义，囊括它已知的或传统上假定的一系列功能（如心脏等内脏）。没有哪个身体部位的象征意义可以与“心灵的门户”眼睛相比。眼睛是人类面部表情的焦点，在艺术中，它和身体姿势共同构成了一个近乎无限的象征系统。人类普遍流传着一种对“邪恶之眼”的古老信念，认为被它瞥上一眼，灾难随之降临。邪恶之眼通常只有跟受害者的眼睛直视才能起到作用，这大概是源于眼睛是灵魂的窗口的观念。因此，为了对付目光能将任何生物化为石头的戈尔工美杜莎，珀耳修斯只能通过一面镜子看她才能将制服；拥有类似毒眼的巴西利斯克或蛇尾鸡也可用同样的方式进行斩杀。邪恶之眼也可被它自身的形象镇住。画在举起的手上的眼睛是经常出现在地中海和近东地区的护身符，那里的海员还会将眼睛涂画在船首的位置以抵御危险。

力量之眼

眼睛传递威权和警戒的信号，神祇或统治者的“全视之眼”既令人生敬畏之心，又给人以被保护的安全感。因此，罗马晚期和拜占庭时期的雕像和宗教偶像都将眼睛故意放大处理。在古埃及，太阳和月亮分别代表荷鲁斯神的右眼和左眼。他的死敌赛特挖出了他的双眼，却被荷鲁斯的母亲和守护者伊西斯重新装回。瓦吉特护身符，或称“荷鲁斯之眼”，代表神圣的治愈和保护力量。同样普遍的还有邪恶之眼和第三只眼的观念，第三只眼是隐藏在前额中央的代表“第二视力”的器官。在尼泊尔和中国西藏地区的寺庙里，佛陀的眼睛悲悯地俯瞰众生。

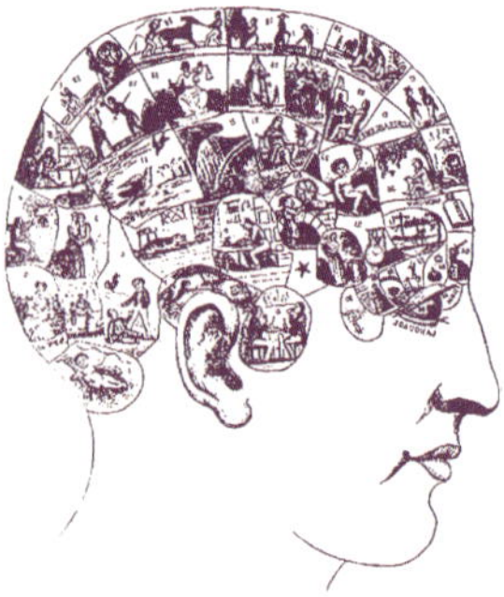

头

对古代希腊人而言，头顶是天球的象征。在更广泛的意义上，头是心灵和灵魂生活的象征。最高的瑜伽脉轮位于头部，代表洞察力和智慧。在众人眼里，头脑是灵魂的底座，古代的凯尔特人和玛雅人留下战俘的头颅作为威力无边的护身符。

骷髅

它是寓意死亡和转瞬即逝的尘世生活的普遍符号。头顶桂冠的骷髅表明一个人的身后名经久不衰。骷髅也预示着年迈与忧郁的性情。基督十字架下的骷髅指代各各他或加略山，也可直接称作“骷髅地”，与此同时，这个骷髅据说也指代埋在同一个地方的亚当的头骨。

头发

在《圣经》中，参孙的头发是他超自然力量的来源，他的头发被大利拉剪去后，力量也随之衰退。长发是成熟、圣洁、服从上帝的标志。印度教徒剃发服丧，而光头在古埃及是祭司身份的体现。女性松散的头发代表童贞，但散下的头发同样也是性暗示的信号。比如，在长发公主的故事中，长发公主的秀发就被用作绳索，将她的爱人引向她。在美洲的土著民族中，敌人的头皮一度是宝贵的战利品。

嘴

嘴是言语的象征，同时也代表吃喝和暴食。在埃及，灵魂通过嘴进入体内。木乃伊下葬前会对其进行“张嘴”仪式，旨在重新激活死者的语言能力和其他感官，为来生做准备。在基督教的象征体系中，地狱的入口可以是大张的嘴，这大概是因为红色的口腔会让人联想到地狱的火焰。

牙齿

暴露的牙齿既代表凶猛和敌意，也是怯意的流露。怪物和恶魔大都拥有突出或者夸张的牙齿，而且往往尖利无比，是他们令人胆寒的野性象征。特别是吸血鬼和狼人这样的类人生物，除了野兽般的獠牙，他们的形象与常人并无二致。但是，露齿而笑也可以成为幸福的标志。

舌头

舌头是言辞和味觉的象征，但是向外吐出的舌头却可能昭示着凶猛，比如新西兰毛利族在跳哈卡战舞时，就会向外吐舌头，戈尔工美杜莎和印度教的迦梨女神也被人们描绘成这种形象。舌头也与辩才、智慧相关，它的形状和颜色还会让人联想到火焰。五旬节时降临在耶稣门徒头上的“火焰般的舌头”（《使徒行传》）是圣灵礼物的象征。

耳朵

埃及有一类神庙叫作“倾听的耳朵”，人们相信神庙的耳朵可以将祷告直接传达给神明。在民间传说中，耳朵发痒、发烧、耳鸣都寓意有人在背后议论你。

鼻子

鼻子是嗅觉的象征，它也被视作人体最靠前端的一点：“跟着你的鼻子”意指一往无前；“就在你的鼻子底下”意指显而易见；“朝鼻子底下看人”意指不屑。在远东地区，人们常自指鼻子表示“我”或“自己”。

四种体液

中世纪的生理学认为人体由四种“体液”构成，这四种物质分别对应四种元素：黄胆汁（火）、血液（气）、黑胆汁（土）、黏液（水）。身心的理想状态是体液达到完美的平衡，但是绝大多数人体内都是某一种体液发挥主导作用。因此，人可以被归类为“黄胆汁型”（易怒、性急、容易自大“血液型”（乐观向上、精力充沛、敢闯敢干、不服管教）“黏液型”“黑胆汁型”。情绪和病痛都可以归结为由天体、天气、饮食、场所以及其他诸多变量引发的体液平衡的转变。

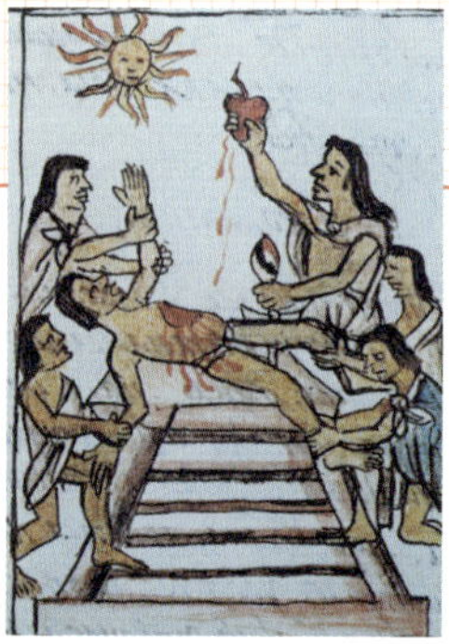

血液

血液被普遍认为蕴含造物主的宇宙之灵，代表血液主人的生命力。不同血液的混合可以缔结一种坚不可破的盟约或纽带。血液的颜色使它和热度、太阳发生关联：阿兹特克人坚信太阳神需要人血的供奉才能每日重升上天空。在罗马天主教徒的眼里，圣餐酒正是基督的血经由奇迹转变而来；而在新教徒那里，酒往往只是一种象征。

心脏

心脏在众多传统中是爱与激情、勇气与精神的家园。在埃及人眼里，智慧、知识、记忆、情感的所在是心脏而非头脑。它是肉身死后留下的唯一器官，等待着被冥界的阿努比斯神称重，并以此衡量所有者的德行。在罗马天主教传统中，神圣之心或滴血之心代表圣母玛利亚承受的苦痛与她的悲悯之心。

呼吸

呼吸是神赐的生命力，在众多的传说中，描述神用泥土造人，吹一口气，人便活了。拉丁语 spiritus 是“精神”和“呼吸”双重含义的总和，因此，灵感一词的字面意思就是“吸入”创造的气息；而生命力的消失就是“断气”，或“呼出”最后一口气的时刻。

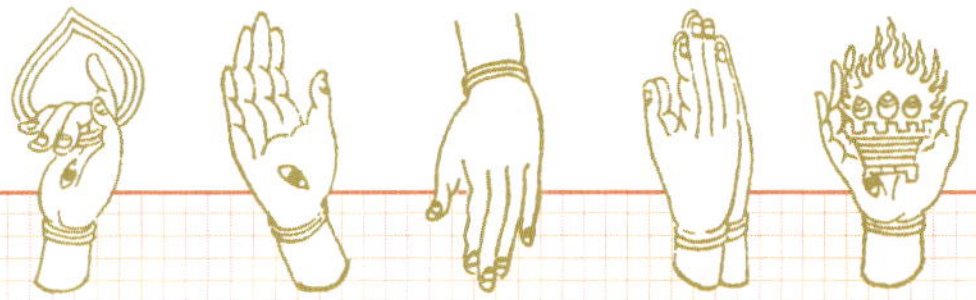

手

动手能力在我们的进化过程中发挥了至关重要的作用，它标志着从类猿的灵长类动物迈向第一个类人生物 Homo habilis（意为“手巧的”或“技法熟练的”人）的关键一步。手是力量和能力的施展者，是行动的执行者、命令的传达者，也是邪恶的抵御者。

伊斯兰教的“法蒂玛之手”传说是先知穆罕默德的女儿的手，常被用作护身符以抵御邪恶之眼。在基督教艺术中，基督或圣徒的双手可以被描绘成一系列具有象征意义的手势，例如，右手上举两指指向天空是降福的常见手势，而将一只手置于病人的头顶则是治愈能力的施展。上帝通常以简单出现在空中的一只手来表现。手印是手与指的独特姿势，拥有丰富的象征内涵，频繁出现在印度教和佛教的造像中。下面的插图显示了佛陀的推究手印，代表佛法的传授或辩论。

腹部与肚脐

在埃及艺术中，大腹便便是生活富裕和受到教育的体现。在中国和日本，腹部是生命的驻地，而在其他地区，则是本能和直觉的家园。瑜伽的第三个脉轮就在腹部，这大概跟肚脐是生命本源的广为流传的象征意义有关，印度教的造物主梵天就是从毗湿奴肚脐上长出的一朵莲花中诞生的。

手指

手指代表触觉。一根手指指向远方，是发号施令的标志；在肖像画中，一根手指可以不经意地暗示出肖像主人取得的某项成就，譬如一场军事胜利、一本著作或者一项工程。宗教形象举起食指和中指降福。若是手掌向前，两根手指比成 V 字，则代表“胜利”，即温斯顿·丘吉尔的致敬手势；若是指关节朝外，它就立马变成赤裸裸的羞辱手势——跟世界上其他许多举起手指代表生殖器的手势并无二致。

脚

双脚往往与降临人间的神产生关联，光脚行走是谦卑的标志。早期的佛教艺术运用佛陀的脚印暗示他的造访，据说他的脚印在各处的石头上奇迹般地保存了下来。耶稣通过给门徒洗脚表明自身的谦卑，而女“罪人”——传说是抹大拉的玛丽亚为耶稣洗脚抹油，表达她对耶稣的信奉。双足还与福音的传播有关，圣保罗曾引用以赛亚的一句话：“传福音报喜信的人，脚踪何等佳美！”（《罗马书》）。

骨架

骨架作为死亡的象征广泛出现。在西藏，活动的骨架被称作“契代巴代”，是侍候死神阎摩的伴神。他们跳着舞，挥舞象征顿悟的雷杖，让人们领悟死亡只是必要的过渡。

手臂

前举或前伸的手臂表达祈求或祷告，是对神的臣服，同时也是对神力的接受与感知。在古埃及，“卡”表示个人创造性的生命力，它的象形文字是一对上举的手臂。高抬前伸的一只手臂自古典时期始就表示领导和权威的姿势，手指指向前方发号施令。举起手臂行礼是在向长官或崇高的法则致敬。

脉轮

根据印度传统的生理学，维持生命的宇宙能量通过叫作经脉的渠道沿着人体的脊髓轴线流通运行。这种能量又被称作“灵体”，它们在分布于身体轴线的七个主要的点（另有众多次要的点）汇集。它们一般以莲花或者更为常见的漩涡或转轮为象征。

据说，不管我们是否意识到这些能量中心的存在，它们一直处于活跃的状态，每个脉轮对应不同的意识层面。能量从位于会阴的海底轮或根轮（主掌基本的动物生存）抵达头顶（至高的意识与领悟的所在），每通过一个脉轮，都会带来不同的心理状态。印度哲人将这些变化与土、气、火、水、“以太”五种元素联系起来。在现代，它们与各内分泌腺体的运作、大脑的不同部分（可见，根轮对应脑干或“下脑”），以及研究心理状态背后的生理原因的精神生理学（例如，不安的感受常常会伴随第三脉轮的“肠道反应”）发生关联。但是，无论从生理还是物质的角度，脉轮的原理至今仍未完全被人们解释清楚。

对多数人而言，大部分时间内控制灵体能量的是位于下方的五个脉轮。密宗瑜伽旨在修炼灵体，使能量上升，激活最高的两个脉轮。

正如下文中的图例所示，每个脉轮通过一定数量的花瓣加以描绘，并与某种颜色、元素、行星、神明以及其他符号相对应。

花蜜脉轮

除了七个主要的脉轮，还有众多小的脉轮。拥有十二花瓣的soma（花蜜）脉轮位于额头，介于第六与第七脉轮之间，代表更高层面的意识、清晰的思路与幸福的状态。

脉轮的象征动物

多数脉轮都对应某个象征动物：第一脉轮是大象艾拉瓦塔；第二脉轮是鳄鱼摩伽罗；第三脉轮是阿耆尼的公羊；第四脉轮是鹿或羚羊；第五脉轮是大象甘伽；而花蜜脉轮则是杂交动物卡玛德亨努。

第七脉轮

顶轮（头顶部位）与觉悟和自我的超越相关。花瓣：一千片。对应元素：无（超越物质的层面）。对应行星：计都。对应神祇："内心的古鲁。"

第六脉轮

眉心轮（眉毛区域）与良心、洞察力、心灵的力量相关。花瓣：两片（发光）。对应元素：全部元素。对应行星：土星。对应神祇：统一两极的阴阳神湿婆－夏克提。

第五脉轮

喉轮（咽喉部位）与自控、真理、宇宙意识相关。花瓣：十六片。对应元素：以太。对应行星：木星。对应神祇：潘查瓦克特拉，统一之神。

第四脉轮

心轮（心脏区域），是位于中心的脉轮，实现身心的平衡，与情感的成熟相关。花瓣：十二片。对应元素：气。对应行星：金星。对应神祇：伊舍那－楼陀罗，和平之神。

第三脉轮

脐轮（腹腔－肚脐区域）与个人的能力与自控相关。花瓣：十片。对应元素：火。对应行星：太阳。对应神祇：毁灭神湿婆。

第二脉轮

繁殖轮（繁殖－骶椎部位）与繁殖、家庭、部族相关。花瓣· 六片。对应元素：水。对应行星：水星。对应神祇：守护神毗湿奴。

第一脉轮

海底轮（会阴区域），又称根轮或底轮，与纯粹的生存相关：在极度的危险中，我们的身体会从此处做出反应。花瓣：四片。对应元素：土。对应行星：火星。对应神祇：创造神梵天。

昆达里尼

脉轮的修炼可以想象成将一块沉睡的强大能量团唤醒的过程，这块能量团可以用一条蜷缩沉睡在脊椎底部根轮位置的蛇来表现。这条蛇叫作昆达里尼，来自梵文 kundal（盘绕），修行者旨在诱使这条"蛇"昂身盘旋穿过数个脉轮抵达顶轮，实现完美的身体与心理－精神的平衡。

昆达里尼的攀升要穿过经脉——肉眼不可见的"灵体"渠道和肉眼可见的神经与血管之类的通道。主要的经脉共有十四条，但是最重要的是中脉（脊髓）和两条环绕中脉的交织通道——右脉（红色）和左脉（白色）。右脉代表太阳和雄性，以太阳或者右眼象征。左脉代表月亮和雌性，以月亮或者左眼象征。

性与生育

人们将雄性和雌性视为基本的两极，世上一切都围绕这两者组织展开。它们是既相互排斥又互为补充的两股力量，各自内部蕴藏着彼此的种子与潜能，这在道家的阴阳太极图中也得到突出的体现。这种宇宙间同时相生又相克的理念大量贯穿于与人类性相关的传统象征手法中，而人体在近代的生理学中就被视作宏观宇宙的微观缩影。

大地自身广泛提供了一系列类似的性的对应物，比如在某些文化中，洞穴代表大地女神的阴道，树木和其他凸起物则与狂放不羁、欲望旺盛的男性神祇密切相关，譬如希腊的潘神以及他的追随者萨蒂尔。人类一度认为大脑、骨髓、精液都是同一种物质，男性的种子位于头部。这或许说明了为何犄角或鹿角被广泛用作男性生殖神的标志，譬如高卢人的科尔努诺斯和其他古代部落氏族的有角神明。

女性生殖器有时以固定的菱形和尖椭圆光轮（又称 vesica piscis，杏仁形的光轮）的象征图案出现。用于示爱的对称心形的传统符号也被指出实际上是对张开的阴户的格式化呈现。因此深究起来，它也可被认为是代表女性力量和繁殖的符号。

梦魇

在中世纪的欧洲，梦魇据称是撒旦魔下最低等的恶魔。女性梦魔诱奸熟睡的男子，并借此诞下恶魔；男性梦魔则诱奸沉睡的女子。在弗洛伊德看来，这类恶魔的出现部分解释了夜间的冲动与禁忌性欲的梦境。

约尼

在印度教中，“约尼”或女阴是女性性征的至高符号，而对应的男性性征符号则是“林伽”或男根。约尼可以表现为环绕林伽底座的一个或多个圆环。佛教密宗有其特定的约尼图案，以两条圆弧代表通向轮回的入口。

维纳斯雕像

旧石器时代的猎人对繁殖的关注体现在出土于欧亚大陆各地的以石、木、骨、象牙雕刻的女性形象上，它们被统称作“维纳斯”。奥地利的“维伦多尔夫的维纳斯”可以追溯到约25000年前，它夸张的性征使它成了这些表现繁殖力的雕塑的典型。

具

在印度的谭崔派中，湿婆与夏克提这对神仙伴侣通过性爱传递创造的宇宙能量，这种能量以叫作“具”的线形图案加以呈现。具是一种宇宙图（由多种颜色和线条构成的象征宇宙的图案），被用作冥想的工具，辅助身体与灵性的内在转变。

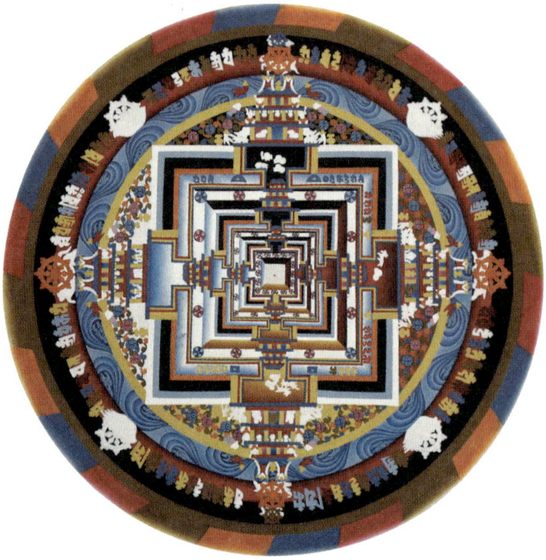

双身佛

在中国的藏传佛教中，以性爱姿势相拥的两个神佛形象代表智慧（女神）和慈悲（男神）的合二为一。此种佛像被称作双身佛，字面意思是“佛父佛母”，代表灵性的道路（智慧与慈悲并修）和目标（智慧与慈悲统一于完美的认知）。

希拉纳吉

刻画女人掰开肥硕阴户的石像在爱尔兰被称作“希拉纳吉”，它出现在不列颠群岛的某些教堂和其他建筑物里。该女性可能是一位古老的生殖女神，抑或对女性性欲的怪诞表现。

坚果与果实

橡子的外形既像卵，又像阴茎（连橡碗，如左图所示），因而成为繁殖力的象征。它是高大的栎树的果实，预示着巨大的潜能。为了让新婚夫妻得到坚果或果实的繁殖能力，人们会将其直接洒向新人，或者做成籽饼，这就是五彩纸屑（婚礼时洒在新郎、新娘身上）和婚礼蛋糕的雏形。橡子和其他类似榛子的坚果还被广泛用于民间占卜，卜测未来伴侣的身份。根据诗人罗伯特·伯恩斯的记录，苏格兰部分地区的恋人会将两枚榛子一起投进火里，榛子若是拢在一起燃烧，情侣即可结为夫妻；若是相互弹蹦开去，婚事就此作罢。

果实和谷粒也被以类似的方式用于念咒的占卜或歌谣形式的数数中，各种柔软的草类种子穗或水果的籽和核也可以充当此角色。有一首古老的英国歌谣至今仍被孩童们广为传唱，歌词预测自己或者配偶的职业：“补锅匠、裁缝、士兵、水手，富人、穷人、乞丐、老师。”在美国，歌词可能会这么唱：“医生、律师、商人、老师。”唱歌的人会边唱边数水果的籽或核（特别是樱桃核）。

在中国的传统中，西瓜和石榴这类籽多的水果是多子多福的象征。

五月柱

从异教时期起，人们就会在村子的草地上矗立五月柱，它的外形酷似阴茎，是快乐与繁殖的象征。五月一日是古凯尔特人的五朔节（“明亮火焰节”），人们围绕着五月柱翩翩起舞，庆祝果实累累的夏天和渐长的日照的到来。

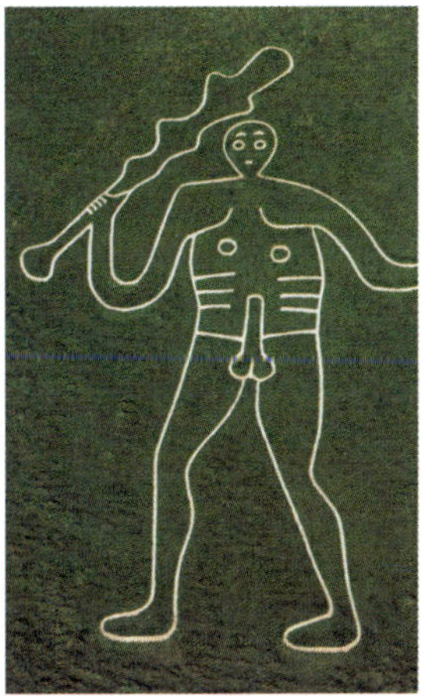

塞那阿巴斯巨人

塞那阿巴斯巨人是凿刻在英格兰多塞特郡白垩丘陵地带的阴茎勃起的人像，最早的记录可追溯到 17 世纪末，然而据传，它始于撒克逊时期或者更早的时候。它描绘的形象很可能是手握大棒的英雄——赫拉克勒斯。

神

人类自意识进入黎明起，就对宇宙、自然界以及生命自身的种种秘密充满敬畏。这种痴迷催生了神的概念，神作为超越自然的力量，塑造并控制着宇宙和人类的命运。

众神
神的信使
佛教

众神

人们将超自然的力量塑造为众神的形象，他们各自掌管着一个特殊的领域，譬如海洋、天空、风暴、繁殖、爱情、战争、正义。他们往往以人们熟悉的形象呈现，或男或女，或动物或人类。

父神

诸多文化的众神之首是一位男性神祇，通常被认为是宇宙的造物主、天空之主，如同发射雷电的希腊神宙斯。以古埃及的太阳神拉为首，太阳在众多文明中是至高无上的男性造物主的象征。

父神

母亲女神

像印度教的帕尔瓦蒂，这样的女神是女性的力量和繁殖力的化身，与古希腊的古神盖亚或者美洲土著的地母一样，她们是大地自身的化身，赐予植物、野兽、人类等生命。

母亲女神

诸神

神祇可以以扩大的家族或氏族的形式构成诸神体系。这反映了人类社会典型的联结和世仇。在希腊神话中，克洛诺斯推翻了他父亲乌拉诺斯的统治，又被自己的儿子宙斯推翻。埃及神话中有一段混乱之神塞特与他的侄子秩序之神荷鲁斯的斗争。中国的诸神以玉皇大帝为首，构成不同寻常的，庞大的天界管理系统，是人间等级统治的反映。诸神通常都有一个特定的居所。

诸神

神的供奉

这幅埃及坟墓的壁画描绘了女法老哈特谢普苏特（习惯绘作男性的形象）向神拉－哈拉胡提（拉神与荷鲁斯神的合体）敬献贡品的场景。

苍穹之神

苍穹之神大多都是男性，譬如希腊的宙斯和美洲土著的天父。埃及的苍穹女神努特是一个例外，她被描绘成躯体呈拱形笼罩大地的形象。努特与地神盖布交合，直到被舒（大气之神）分开。

月神

月亮被普遍视为女性，与男性的太阳形象恰恰相反。它作为天界的王后，与圣母玛利亚和希腊女神以弗所的阿尔忒弥斯等强势形象发生关联。月神主掌出生、死亡、重生的轮回。不过，在某些传统中，月亮对应男性神祇，代表男性的生殖力。

大地神与太阳神

除了埃及盖布这样显著的例外，古代的大地神祇从古希腊的盖亚、美洲土著的地母到毛利人的帕帕女神，几乎都是女性。她们是赐予生命的力量，是繁殖力以及营养的原型。多数太阳神都是男性，太阳的光辉是智慧之光的强大符号。太阳神往往还被视为万能的父亲。然而，日本的天皇却曾自称是一位太阳女神（即天照大神）的后裔。

雷神

希腊的苍穹之神宙斯（罗马神话的朱庇特）也是风暴之神，他能投掷雷电。吠陀时代的因陀罗也是如此。北欧的雷神托尔拥有一只既能毁灭又能治愈的神奇铁锤。北美的雷鸟也具有雷似的双重天性。

丰收之神

丰收之神一般都是女性，比如希腊的大地女神盖亚。她的儿子克洛诺斯也是丰收之神，其对应的罗马神祇是手挥镰刀的古代农神萨图努斯。克洛诺斯的女儿是德墨忒尔（“地母”），她是宙斯的姐妹。印度教的丰收之神是造物主毗湿奴的配偶拉克希米。这些神祇司掌土壤的生产力，是庄稼的守护神，但是一旦被激怒会带来旱灾和饥荒。

性爱之神

希腊的爱神阿佛洛狄忒（罗马神话中的维纳斯）来自原始的汪洋，她的诞生是一次生命的奇妙再生：乌拉诺斯的生殖器被他的儿子克洛诺斯割下，从天上扔到海中，激起的泡沫化作阿佛洛狄忒。印度教女神拉克希米（与毗湿奴为伴）同样在一片水域中诞生，莲花是她的象征，代表光彩照人的美丽、纯洁、生育以及精神的力量。然而，性欲往往由一个男性神祇的形象加以体现，譬如希腊的厄洛斯（罗马神话的丘比特）。在艺术中，他往往被描绘成长有翅膀、蒙着眼睛、手持弓箭的形象，他的箭可以射向任何地方，象征爱情的盲目。在巴洛克艺术中，丘比特变成了一个长着翅膀的裸体婴孩，与小天使的形象合二为一。

一神还是多神？

埃及阿蒙神的名字意指“全部”，他是一位几乎包罗万象的神祇，特别是在他与太阳神合体成为阿蒙－拉之后。在印度教的哲人看来，众多神祇都是唯一的终极实体“梵”的不同形相。《圣经》提到神有两个常用称谓，耶和华和耶洛因，神所说的“我们造人”（《创世纪》）也暗示了《圣经》以前的多神教时代。亚伯拉罕、以撒、雅各信奉的上帝被视为民族内互相敌对的诸神之一。然而，从公元前 6 世纪始，耶利米等先知便不再承认其他神祇的存在，并相信只有唯一的、统领万物的神。这个神后来就演变为基督教的三位一体的上帝和伊斯兰教的安拉（Al-Illah，唯一的神）。

手工艺之神

创造性的技艺是一个专有领域，由诸如希腊铁匠之神赫菲斯托斯（罗马神话中的伏尔甘）这样的男神或诸如雅典娜（弥涅耳瓦），她发明了有魔力的武器，用橄榄树为人类提供食物、燃料、灯火这样的女神掌管。希腊的艺术之神是阿波罗，他的符号是里拉琴。作为太阳神，他象征着灵感之光。此外，还有凯尔特人的鲁格和日耳曼人的沃丹等神祇，他们都精通多种艺术，包括战争的艺术。

舞神

舞神流畅的舞蹈动作和姿势往往象征生命的创造节奏。在某些文化中，舞神预示着成人礼这样的过渡仪式。在印度教传统中，塔罗阇是湿婆神作为舞蹈之神或舞王出现时的状态，他的四条手臂寓意自然力量的持续活动。

雨神和风暴神

和诸多风暴神一样，日本的须佐之男也是富有侵略性的混乱制造者。但是古代迦南人的风暴神巴力同样也是丰收之神，操控着降雨。玛雅人的雨神恰克和对应的阿兹特克人的雨神特拉洛克都充当着类似的作为农业守护神的仁慈的角色。

狂欢之神

像醉酒和戏剧这类与日常迥异的状态被希腊人划归到酒神狄俄尼索斯（罗马神话的巴克斯）掌管的领域。人们在神圣酒神节的欢宴上喝葡萄酒，以此体验灵性顿悟的狂喜释放。

海神

海神代表原始的力量和气象万千的海洋。波塞冬（罗马神话的尼普顿）是宙斯的兄弟，也是希腊海洋诸神中最强大的神祇，作为海上的风暴之神，他使用的是渔人的三叉戟。因纽特人的海神是一位掌管所有被人类食用的海洋生物的女神。

保护神

保护家园、守护家人的神祇在古代文化中并不少见，如埃及的贝斯和罗马的家庭守护神拉尔。每逢出生和结婚等特殊场合都要向他们供奉祭品。对藏传佛教的教徒而言，大彻大悟观世音菩萨是藏民的守护神，他以千手赐予悲悯之情，是大慈大悲的神明。

健康之神

希腊的医药之神阿斯克勒庇俄斯是阿波罗之子，他的身边往往有一条蛇，因为蛇蜕皮的本领是重生和痊愈的象征。玛雅人的伊希切尔（又称“彩虹女士”）司掌治愈和分娩。分娩对女性而言是凶险的关口，往往有专职的女神，如赫凯特（埃及）和厄勒梯亚（希腊）掌管，她们确定分娩的时长和孩子落地的时间。生育还受到伊西斯和阿尔忒弥斯等女神的普遍保护。

场所精神

自然界的各种地貌特征，如奇石、古树、泉水、水井、山川、林地，都具有罗马人所说的“场所精神”。这些可能是善意、恶意、抑或仅仅是恶作剧的存在。日本的每个地区、村庄、家宅传统上都有属于自己的常驻灵。而在非洲、大洋洲、澳大利亚的诸多地区，人们对场所精神致以特殊的敬意。澳大利亚的原住民相信他们梦创时代的先祖们将灵魂遗留在诸如艾尔斯岩这样的场所。希腊人眼中的奥林匹斯山是众神的居所，而中国人自古以来便尊山岳为权力稳固的象征。河流意味着源源不绝倾泻而出的创造精神，印度教教徒将恒河比拟为伟大的女神甘伽，欧洲的凯尔特人同样将河流奉为女神。圣井会提供带有神奇治愈能力的水，譬如位于卢尔德受罗马天主教徒膜拜的那眼泉水。古希腊人相信森林和溪流里住着分别叫树精和水灵的仙女，此外，还生活着由潘神（自然精神的化身）领头的一群男性萨蒂尔。常青树被奉为代表永生和灵魂觉醒的有力符号，前者如日耳曼民族的沃丹冷杉，后者如菩提树，佛陀在树下获得大彻大悟。

灵魂的向导

希腊神赫尔墨斯（罗马神话的墨丘利）将逝者的幽灵引入冥界，这一角色使他被称为“渡灵人”。赫尔墨斯的身份等同长着朱鹭头的埃及神透特，后者扮演类似的角色。阿兹特克民族的神祇维齐洛波奇特利与陨落的战士的灵魂联系在一起，他们的灵魂化为蜂鸟。在北欧神话中，被杀身亡的战士被女神瓦尔基里护送到英灵殿，为英灵举办盛宴的大殿。

魔鬼

《圣经》中的撒旦从约伯的“指控者”（ha-satan）沦为敌对的精灵，最后成为恶魔王子和死亡天使，一步步地降至堕落的深渊。他的主要帮凶是别西卜（确切的名字为巴力西卜，“苍蝇王”）。某些文化也包括或善或恶的精灵，如阿拉伯传说中的灵怪。印度教的“非天”（阿修罗）并非恶灵，而是令人类无法摆脱俗世存在的强大而低级的本能。

复活的神祇

神话故事的一个共同的主题是一位男神或者女神死（或降至阴间）后再回到阳间。这样的描述也象征着从冬入春、从贫瘠到丰饶的季节轮转，涉及的神祇往往司掌生育，譬如巴比伦的伊丝塔、希腊的珀耳塞福涅、阿兹特克的羽蛇神。基督的复活象征着宇宙的重生和得救。

冥界之神

逝者去的冥界通常有属于那里的冥王，比如，埃及的奥西里斯、希腊的哈迪斯、阿兹特克的骷髅死神米克特兰泰库特利。有些神祇，比如，迦南的墨特，会因受蒙骗，放逝者回到阳间。

化身

在印度教中，毗湿奴在人间有十种身形或化身（“下凡”），他以这种方式介入并维持世界的运转。最有名的化身之一是罗摩。耶稣作为上帝在人间的化身，代表神对世界历史的一种独特介入。

战神

战争象征着正邪力量、秩序与混乱之间的斗争，因此，诸多战神在各自所在的神谱中都占据高位，有时还操控着死亡。埃及的塞特是混乱之神，同时也被视作国家的守护神，多位法老（比如塞提一世）都取了他的名字。希腊人对雅典娜的崇拜远远超过狂暴的战神阿瑞斯，她是雅典卫城的庇护神，也是珀尔修斯等希腊英雄的良师益友。但是罗马人却给予马尔斯极大的尊重，奉他为罗马军事和帝国力量的守护神。

神的信使

众多文化和信仰都相信世上存在某种中介，可以使人类与超自然的力量相联结。名为“天使”的物种频繁出现在《圣经》里，但是这个称谓的意义有时并不清晰。这个词本身并不复杂，即“信使”，不限于为神驱使，然而“天使”其实具备一系列广泛的功能。天使之外还有“大天使”或“天使长”，比如《圣经》中唯一提到名字的两位天使加百利和米迦勒，另两位“大天使”拉斐尔和乌列则出现在《次经》中。手持燃烧的利剑守护伊甸园大门的“智天使”也被认为是天使的一种类型。守护天使据说专门守护个人和圣地。此外，基督教传统还拥有一系列其他的类似天使的存在。

天使传达的神旨形式多样，有时是赐福，有时是警告，有时是预言。对于某些人而言，天使如同上帝向人类“传话”的渠道，抑或是我们当今称为直觉感受的象征体现。梦到天使的信息或者听到天使的声音有时被视作心灵的无意识在发挥作用，也可能是精神疾病的某些迹象。

从古代美索不达米亚到伊斯兰教世界，天庭中类似天使的角色在基督教以外的传统中也有出现。埃及人的神使是智慧之神透特，希腊人将他

圣・米迦勒

大天使米迦勒是上帝决断的传达者、众天使的首领与旗手，他作为主帅将撒旦及其手下一众叛乱的天使逐出天堂。许多建在山顶的教堂都是为敬奉他而建的，选址往往都曾是古典神祇阿波罗的圣地。米迦勒作为天国军团的领队，旗帜和盔甲是其身份的标志，他也是战士的守护神和所有基督徒的保护者。

与以赫尔墨斯·特里斯墨吉斯忒斯（“三倍伟大的赫尔墨斯”）形式出现的赫尔墨斯对应起来，赫尔墨斯是西方神秘学传统的开创典籍之一，《翠玉录》的传奇作者。

菩萨

许多佛教徒都在事实或者象征的意义上信仰菩萨，菩萨作为超自然的存在，大彻大悟后，化身为各种形态帮助他人获得拯救。最得民心的是观世音菩萨，他是悲悯的化身。在远东地区，这位男性菩萨成为广受膜拜的慈悲女神，在中国叫做观音，在日本叫做Kannon。

阿奎那的天使等级

圣·托马斯·阿奎那对天使集团做出一番描述，认为它由环绕上帝宝座的九个天使“唱诗团”（或“序列”）构成（如图所示的这幅13世纪的插图展示了环绕上帝的天使和大天使）。这九个序列又可以分为三个等级。第一个等级包括炽天使、智天使和座天使。因为，炽天使或六翼天使能最清楚地看到上帝，被想象成纯粹的火焰，代表对神性的最热忱的爱。智天使或基路伯代表了上帝的原始创造力和对神性的了解。座天使代表神的判断。

第二等级包括分别叫作主天使、德天使和能天使的三类天使，他们监督宇宙的运行，保护宇宙不受邪恶势力的侵袭。第三等级由权天使、大天使和天使构成，他们会直接与人类接触。权天使引导各国的君主实行公正的统治。大天使负责宣布神的重大介入的消息，并统领天使集团。最低序列是人类的个人守护天使，他们负责保护、引导、抚慰个人从生到死度过一生，并指引他们通往救赎之路。

伊斯兰教的天使

对天使的信仰是穆斯林的信条。位于天使阶层顶端的是四位抬座的天使，他们抬起神的宝座；其次是永远赞美安拉的智天使。凡间事务归大天使吉卜利勒、米哈伊勒、亚兹拉尔（伊兹拉尔）、伊斯拉菲勒管辖。天使的数目无可计量，正如《古兰经》中所说：“每一滴雨都有一位天使相随，因为即使是一滴雨也是存在的显现。”

堕天使

古犹太教和基督教的传说都宣称天使集团的部分成员因为不服上帝要他们向亚当弯腰鞠躬的命令而被逐出天国。这些叛乱天使的领头是撒旦。他们被大天使米迦勒率领的军团逐出天国，堕入地狱的最底层，从此作恶人间。随着基督教的传播，所有的恶灵以及异教的神祇都被贴上恶魔、堕天使或者魔鬼爪牙的标签。

主的使者

在《圣经》中，给亚伯拉罕、以撒、雅各提供忠告的角色来自天堂，被称作“主的使者”。他并不总是善意的存在，在逾越节则变成死亡天使。

天使团

印度教中存在一个天使团，负责神与人类的沟通。他们的一大职责是指导祭祀仪式的正确举行。

大天使加百利

加百利是神的慈悲的使者，以百合为象征，代表他在天使报喜中扮演的角色以及与圣母玛利亚的关联。穆斯林称他为吉卜利勒，他是引穆罕默德游览天国的天使。

大天使拉斐尔

拉斐尔是神的治愈的使者，出现在《次经》多俾亚传中，帮助英雄多俾亚治好了父亲托比特的盲眼。拉斐尔的象征物是节杖，有时也是朝圣者的手杖。

大天使乌列

乌列是神的智慧的使者，出现在次经《以斯拉记》中。他以一本书或一捆成熟的小麦作为象征。

代蒙

在希腊神话中，代蒙是主持公共和家庭生活的超自然使者。他们的用心或善良或险恶，有时充当守护天使，有时则附上某人的躯体传达预言。

赫尔墨斯

赫尔墨斯是主掌迁徙、商业、交易的希腊神祇。他带来好运，监督贸易。他与透特一样，会为逝者的灵魂引路，同时因为双脚生翼，他也是众神的信使，蛇杖是他的标志。

小天使

亚述人的小天使肩负守护的职责，被描述成生有双翼的半人半兽的形象。他们守卫神殿、家宅以及其他特殊的建筑物，同时也保护人类。这个词“cherub”是《圣经》中提到的首个天使的词源。

瓦尔基里

瓦尔基里意指“被戮亡灵拣选者”，她们是北欧的女武神，决定战斗中阵亡将士的人选，并护送亡灵至神国阿斯嘉德的瓦尔哈拉殿堂，即“英灵殿”。瓦尔基里也是守护神，她们会教导年轻的武士，并在战斗中看护他们。

佛教

佛教的命名源于佛陀（觉者），他生来就是一位王子，俗名为乔达摩·悉达多，约公元前 500 年，诞生于南尼泊尔。众多佛教徒将他们的宗教简称为“佛法”，具体意指佛陀在菩提伽耶经过四十九天的结跏、趺坐、冥想，并获得的觉悟或“觉醒”证悟圣谛后所宣扬的佛法教义。他的关键圣谛是人类的存在因为欲望被痛苦或不满缠绕。“业”的作用又将导致消极的行动，促使灵魂重生，陷入周而复始的悲剧循环。

佛教最普遍的符号之一是法轮。它集佛陀本尊与佛教教义的象征意义于一身，佛陀被预言会成为“转轮者”或“变革者”，要么成为一代伟大的君王，要么成为一代导师。法轮通常有八根辐条，象征佛陀的“八正道”，人类通过这些灵性和道德的途径可以获得觉悟（菩提），根除消极的行为，从而入灭——超脱轮回。

佛足印

佛陀通常由他的脚印——携带符号的佛足印代表。图中的符号包括八吉祥的大部分图案（圆圈串成的链条代替了吉祥结、三角形和三叉戟（佛教“三宝”：佛宝、法宝、僧宝——出家弟子的团体）、剑（智慧）、神圣音节 Om（唵）、月亮（涅槃）、太阳（觉悟）、六线形（宇宙）以及万字符。

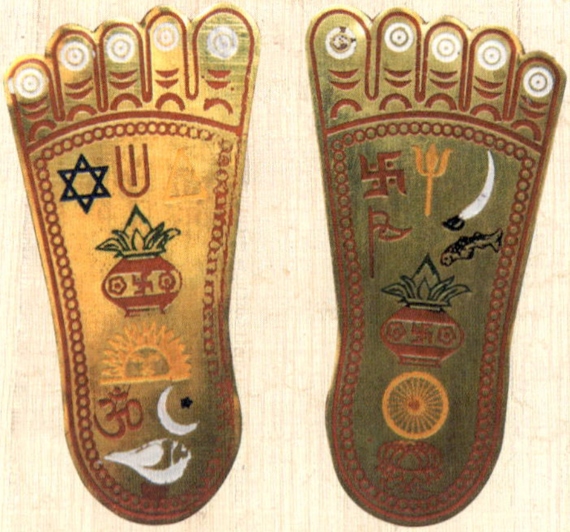

佛教的各个传统发展出丰富多样的象征体系。所有传统都刻画佛陀和其他大彻大悟的人物形象，其中最普遍的通常是佛陀顿悟时打坐冥想的形象，正如位于斯里兰卡康提城的佛牙寺供奉的 19 世纪的佛像体现的一般。远东的大乘佛教以各类 mandala（曼荼罗）著称，作为宇宙图，它能帮助冥想和灵性升华。

直到公元 1 世纪，佛陀才以人的形态加以体现。在此之前，通常用法轮或佛陀的足印之类的符号指代佛陀本尊。他的一双悲悯俯瞰众生的眼睛也可以被视作佛陀的化身。

肉髻

王子的顶髻化成了肉髻或“智囊”，预示着佛陀无上的智慧与知识。

白毫

佛陀额头的中心一点（白毫）标志着“第三只眼”或眉心轮，是灵性领悟和“第二视觉”之所。

眼

佛陀低垂凝视的半睁眼眸代表冥想状态的“消极的意识”。这一双俯视受苦众生的眼睛也表现了他广阔无垠的悲悯之心。

大象

佛陀的母亲梦到一头白象，被认为意味着她的孩子将成为一代伟大的君主或导师。大象也昭示着佛陀心灵的巨大力量。

手印

佛陀伸手触地成触地印的手印，召唤大地见证他的证悟。

宝伞

在佛教徒看来，宝伞阻隔了太阳的热度，暗指受到保护，免受苦痛的折磨，它也是尊重和荣耀的象征。

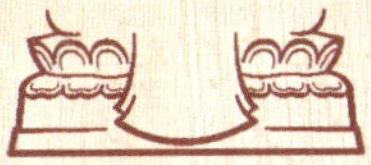

莲花宝座

佛陀端坐于莲花（睡莲）之上。此花从淤泥深处挣脱出来，迎光盛开，因此，象征从无知通向觉悟的道路。

吉祥标志

佛教艺术，尤其是大乘佛教，通常会运用被称作“八吉祥”（ashta-mangala）的一组符号。宝伞是生为王子的佛陀和他对证悟一往无前的追求的象征，也暗示他的四圣谛八正道的核心教义，与法轮的象征意义相同。双鱼原来寓意恒河和亚穆纳河这两条圣河，后来逐渐成为好运的象征。它们在佛教中也象征陷入重生的循环，“轮回之海”的人类，轮回也可以用吉祥结来表示。宝瓶寓意丰足，莲花（睡莲）象征纯洁和证悟之道。海螺象征佛法的妙音。白盖矗立在须弥山上，是至高的灵性觉悟的象征。

A
A

图案、形状和品质

最简单的图像往往代表人类最宏大的概念，一个点可以象征无限压缩的能量与纯粹的存在，而一个圆则可以传达出永恒的理念。

颜色
数字
塔罗牌
迷宫
神圣几何
伊斯兰教
十字形

颜色

颜色的运用在人类文化中具有象征意义，从史前的葬礼（赭石暗示来世重生的希望）、基督教丰富的法衣，到现代公司的生动徽标，无不如此。

白色

白色作为光的总和，在西方是纯洁和原初创世之光的象征。白色还是代表月亮和女性的颜色。新娘穿的白色婚纱是纯贞的标志，天使的白色衣着是其灵性、纯洁的象征。在基督教的洗礼中，白色代表纯真，在圣诞节和复活节，它分别暗示基督的降世之喜和复活。然而，白色也是鬼魂和亡灵的色彩。在中国，若有人离世，按照习俗，逝者的家人就会在家门前挂上一块白布。

白色

黑色

无光时，一切都呈黑色。黑色是消极力量、堕落、罪恶、虚无的总和，然而，原初的混沌黑暗却充满了潜能。在西方，它代表哀悼、失去、危险（黑猫是恶毒女巫的帮凶、厄运的化身）、黑魔法。在基督教中，它是受难节和基督受难的色彩，在古埃及，它是复活重生、冥王奥西里斯以及埃及丰饶黑土的符号。引导亡灵接受审判的阿努比斯和通常被描绘成猫的形象的月亮女神芭丝特都与黑色有关。在印度教中，黑色是属于时间的化身与毁灭之神——迦梨与湿婆的色彩。在中国的星相学中，黑色代表北方和冬季，属水，以玄武七宿为象。黑色也象征操守和气节，中国京剧中的黑脸角色象征性格粗犷，但却诚实守信。

黑色

曼荼罗

某些曼荼罗能让信徒仿佛置身于神圣的空间，它们运用的色彩内涵丰富，通常为白色（东）、红色（西）、绿色（北）、黄色（南），使图案之间形成微妙的平衡。

灰色

额上抹灰是希瓦（毁灭神湿婆的信徒们）的身份象征；灰色作为余烬的色调在基督的教传统中象征哀悼（“尘归尘，土归土”）和悔过（“披麻蒙灰”）；而灰色的头发则象征智慧与经验。

褐色

褐色是土壤的颜色，在众多传说中，人类就是用泥土捏出来的。褐色也是粪便、腐质、堕落的色彩。在基督教的修道院生活中，质地粗糙的朴素褐袍象征个人“告别尘世”，谦卑的品质以及对物质追求的摒弃。

橙色

橙色由黄色（右）和红色连血与火的颜色，传达战争、行动、外向、激情、愤怒的信息混合所得，是火与太阳的色彩。它是表达爱、欢迎、幸福的普遍符号，橘黄色也代表更高的智慧与佛教的灵性之路。

黄色

黄色是金子和太阳的色彩。尽管黄色在中国的寓意非常吉利，但在其它地方却和绿色一样表现出矛盾性。黄丝带寄托着对爱人归来的期待。黄色作为美国骑兵团的官方色彩由来已久，但它也有怯懦、背叛、疾病的寓意。

好运色

在中国的某些观念中，红色（赤）居于五大颜色之首（红、白、蓝、黄、黑），是夏天的颜色，主方位南，代表五行中的火。红色是最吉祥的颜色，是太阳、天界、光明、黄金、昌盛的象征，最体现阳的活力，传统上被认为具有抵御恶魔的功能。因此，宫殿寺庙的墙壁都涂上这种颜色。红色还与长寿有关，红色的朱砂（硫化汞）被道教的炼金术士用来炼制长生不老药。

红色是中国新年的主色调毫不稀奇，作为象征吉祥庆祝的色彩它在其他众多中国的节日和婚礼上也大放异彩。尽管清朝的帝王摒弃因袭前朝明代君王的红袍，大都穿蓝（青）褂，但是红色仍然沿用于北京天坛的重大皇家祭品上。

绿色

绿色是表示富足的自然色彩，通常与新生与生长相关，然而它也是死亡和腐烂的颜色。在西方，“绿人”是自然的拟人化，他强壮狂野，提醒人们自然有无情与仁慈的两面。绿色也可以代表天真、艳羡、嫉妒。

紫色

紫色是红、蓝两色的调和色，是成就、灵感、灵性、内在蜕变的象征。在古代，紫色的染料造价高昂，为皇室专用。紫色作为大斋期和降临节的教会色彩，代表了基督我王的生与死。

天蓝色

蓝色是所有色彩中最安宁的颜色，属于深不可测的海洋，因此，也是子宫般的生命水体与独具创造力的女性的色彩；它还是天空的颜色，是代表天际奥秘、元素气与精神的色彩。蓝色还象征一系列积极的特征，包括忠贞、纯洁、忠实、真实、才智、谨慎、虔诚、和睦、沉思、安宁等。

圣母玛利亚作为天堂的王后身着蓝衣，是爱、永恒与信仰的象征，在佛教里，蓝色则象征灵性的认知与觉悟的清明心境。在印度教中，它是属于克利须那和天气的主宰神因陀罗的色彩。然而，蓝色也代表沮丧、悲伤、渴望的负面情绪，抒发这些忧伤情绪的民谣逐渐演变为一种叫作“蓝调”的音乐类型。在汉语中，“青”涵盖了一系列不同的色调，包括绿色、雷雨云的深灰色以及各种各样不同的蓝色。中国历代的君王都要穿着作为仪式色彩的蓝色参加每年在天坛（深蓝）和月坛（浅蓝）举行的典礼。

彩虹光谱

光谱在诸多文化中是上天的符号，它以彩虹的形式呈现，被广泛视作连接大地与天堂的桥梁。中亚地区的萨满身穿彩虹色的服饰辅助他们的灵魂飞升，色彩绚烂的彩虹女神伊里丝将希腊众神的旨意传递给人间。在南亚，彩虹是因陀罗的弓，在密宗佛教中，彩虹代表觉悟（以透明的纯光为标志）。

粉色

谚语讲“粉色女孩，蓝色男孩”，然而按照更古老的习俗，则恰恰相反；粉色（主基调是红色）代表火热的男子气概，淡蓝色是圣母玛利亚的颜色，与女孩更加相配。

紫罗兰

娇小的紫罗兰花散发温馨的气息，它在《三博士来朝》系列画作中体现了孩童的天真无邪（仍是婴儿的基督）和性的纯真（圣母玛利亚）。作为一种表示悔过的颜色，它也被抹大拉的玛利亚穿过。

大地色

北美土著艺术经常利用自然的色彩，这些色彩象征他们与生活的环境之间的一种玄奥的联结感。例如，位于西南的普韦布洛的艺术家们描绘几何或动物的基本图案，用黑色、白色以及一系列丰富的自然棕色、红色、奶油色画蛇。自然的色调也运用在纳瓦霍人用染色的沙子与泥土创作的神圣沙画中。这样的颜色在小地毯上的运用也由来已久。在美国东北部的五大湖周边，人们将豪猪的棘刺做平整处理后以植物色素着色，用来装饰莫卡辛软皮鞋。

数字

自巴比伦人用楔形文字记录他们的计算时起，古代世界的思想家们都认为，创造的法则与整个宇宙都能在数字中得到揭示。伟大的希腊数学家毕达哥拉斯在数字 1、2、3、4 中看到了由点及线、由线到面，再由面至体的形态演变，而奇偶数的原理则反映了由相反的力量构成的二元宇宙。相反的力量也相互依存，正如奇数无法脱离偶数单独存在，善的存在也离不开恶，光离不开暗，生离不开死，如此不一而足。

1、2、3 的次序普遍象征从一到二再到多的创造过程。玛雅人与阿兹特克人以数字命名他们的神明，而这些神明则以数学的精准来统治宇宙。诸多文化会赋予某些特别的数字和它们的倍数以深厚的意义。在西方传统中，数字 7 被广泛视作所有数字中最吉利的一个。在东方，数字 8 的倍数是吉数，“8 千万的 8 倍”指的是一个无限的或不可数的数字。

零

零无质无量，是无限、圆满、整体、虚无的象征，是有限世界发源和回归的本源。零通过阿拉伯世界从印度传到西方，原本以一个点表示，是平衡所有计算的支点。在禅宗佛教中，空圆代表自我的灭绝、涅槃的达成，从出生、死亡、重生的循环中解放出来。

一

在阿拉伯语、拉丁语、汉语等众多变化万千的数字体系中，一都以简单的一笔表示，是最初的动因，代表唯一的神、造物主、圣父。它象征着一体的、原初的、无法细分的混沌世界，蕴藏着所有存在的潜能。在儒家思想里，它是完美的实体。对希腊人而言，在零问世之前，它是一切计算的起点和开端。在心理学上，代表个体或自我。

二

二是代表合作和平衡的数字，体现宇宙的二元，譬如天父与地母、精神与物质、白天与黑夜、火与水、左与右；但是，二也表示紧张与对立、善与恶。二象征创造的时刻，在古埃及，原初的混沌世界是“成双的事物出现之前”的时期。在中国，它是阴与阳的互动力量，互斥互补，彼此蕴含对方的种子。

三

三被广泛视作代表圆满的数字，在数不胜数的神圣的三的组合中得到反映。除了基督教的圣父、圣子、圣灵三位一体的神，还有印度教的梵天、毗湿奴、湿婆（创造神、护持神、毁灭神）的三相神，古埃及的奥西里斯、伊西斯、荷鲁斯，道教的三清神，佛教的三宝——佛、法（教义）、僧（信徒）。

三的力量

数字三渗透凯尔特人世界的方方面面。女神化作三种外形（少女、中年妇女、老人），三个戴帽子的石刻小矮人会带来好运。传说故事里的问题都要问三遍，雕刻着三颗头颅的艺术品象征着所有存在的统一，过去、现在、未来在此时此刻融为一体。根据尤利乌斯·恺撒的说法，游吟诗人和德鲁依教士从来不像希腊和罗马人那般将智慧记载下来。他们将一切熟记在心，这个过程要花费一个德鲁依教士 20 年的时光。为了帮助记忆，智慧被精炼成三个要素构成的简句，譬如，“知识的三个源泉——思考、直觉、学习”，“愚人大笑的三个笑点——好的、坏的以及他不能理解的”。凯尔特人皈依基督教时，早已对三位一体的概念熟知。沿用至今的三联体的标志有三叶草——爱尔兰和盖尔文化的符号、三曲腿图——象征马恩岛的三条腿组成的图案。三的重复也是传说和民间故事通用的修辞手法，比如，《三只小猪》《三只坏脾气的小山羊》，故事中往往会有给出三次愿望或者三次猜测的情节。

五的世界

世界上绝大部分地区都认同四个基本方位（东、西、南、北）的说法，然而到公元前 250 年，中国人增加了第五个方位——中。当然，在中国人的宇宙观中，世界的中心便是中国自身。所谓中国，便是中央王国，也可以说，是中间的列国，因为这个名词原本纯粹是地理上的叫法，指中国的北方平原上分裂割据的诸侯列国。孔子将它解读为文明的界限。五岳代表五个方位和风水地标，成为中国艺术频繁描绘的素材。

五的体系以五种元素或“相”（五行）的形式渗透入中国人的宇宙观中，其中，五行分别是木、火、土、金、水，它们不是字面上的物质存在，而是不同形式的能量。与五行相对应的是五种情绪（愤怒、欢喜、渴望、悲伤、害怕）、五种味道（酸、苦、甜、辣、咸）、五种天气（风、热、雷、冷、雨），不一而足。

四

四是属于人地的数字，在中国以正方形表示，寓意四个方位，季节的四季轮回。西方古有四大元素（土、风、火、水），人生有四个年龄阶段（幼年、青年、成年、老年）。四是平等、平衡、理性、信任的象征，基督教有四枢德、四福音使徒以及他们的四福音书，佛教有四圣谛。四作为女性的符号，代表直觉、平和、庇护与保护。

五

五是人体（头与四肢）的符号，是具有魔力的五角星形的象征。它也是手指或脚趾的数目，因此，代表行动、创造力、交流、运动。五还寓意《摩西五经》（从《创世纪》至《申命记》）制定的律法。在中国，还有五行之说。伊斯兰教有五功之说，分别是：念、礼、斋、课、朝。

六

六是十分完美的数字（6=1+2+3 或者 1×2×3），是数字三的双倍（3+3），是《圣经》中创世的天数。六因此与神的创造力相关，它同时还出现在拥有魔力的由两个三角形组成的六角星形的所罗门印章上。立方体有六个面，因此六是完美对称的体现。反过来，六相比更完美数字七缺了一，因此，它也成为不完美与罪恶的代表。

七

七象征天（三）地（四）的结合，是古典传统和犹太－基督教传统中的完美数字。在古希腊，七是专属于阿波罗的圣数，世界有七大奇迹，一周有七天。在犹太教的传统中，时间被划分为以七七四十九年为间隔的“禧年”。逾越节至五旬节（等同圣灵降临节，意指“第五十[天]”）之间相隔七七四十九天。天界有七重，基督教有七美德和七宗罪。通灵的天赋依照惯例通常会传给第七个孩子，尤其是第七子的第七个儿子。

八

八用阿拉伯数字的两个零组合而成，代表圆满、无限、完美、无始无终的路途。在基督教中，888 是基督的数字，象征他的完满。圣洗池砌成八面，早期的洗礼堂和耶路撒冷的圣墓教堂也是八面的建筑。在东方，八也是一个寓意格外重大的数字。佛教有八吉祥、八条轮辐的生命轮以及象征通过遵循八正道得获觉悟的八瓣莲花。瑜伽修行的生理机制认为存在八个脉轮。

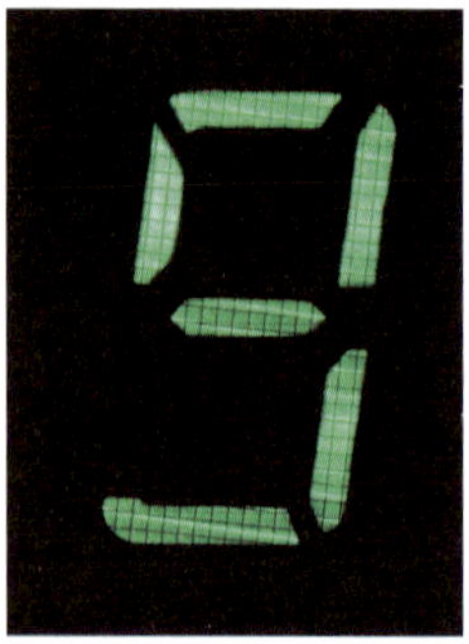

九

九是三个三的相加，是三的三倍，是一个强大的数字。中国的九层宝塔象征飞升天界。九的所有倍数，上至九十（九的十倍），各位数相加都等于 9（18：1+8 = 9，27：2+7= 9，…），这一标志进一步奠定了九神秘莫测的特质。

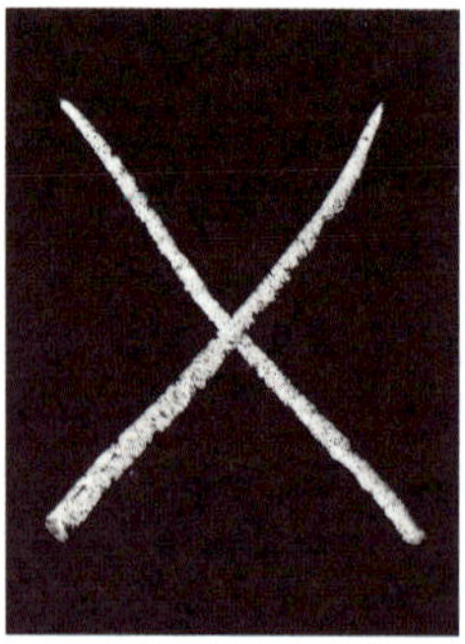

十

一和零组成十，十是整体，是原动力（一）和无限（零）的结合。它是人类手指或脚趾的个数（十个手指），因此，成为代表圆满和量度的基本数字。《圣经》中有十诫，罗马人用形似圣安德鲁十字的简单十字 (X) 表示十。

兽的数目

古罗马人、古希腊人以及古犹太人都使用字母代表数字，由此生成字母代码或者数字命理学的体系，并使任何名字都能与一个数值相对应。因此，耶稣（Ι Ε Σ Ο Υ Σ）名字的六个希腊字母分别对应数值 10、8、200、70、400 和 200。这六个数值的总和是 888，“揭示”了基督圆满和完美的特性，他三次超越了完美数字七。

最著名的字母代码的例子来自《启示录》，作者在描述“兽”（基督的大敌）时运用了一个数字命理的谜语：“凡有聪明的，可以算计兽的数目；因为这是人的数目，它的数目是六百六十六。”（《启示录》）谜底是罗马帝国的尼禄皇帝（如右图所示），他迫害基督徒，约公元 90 年，有很多人担心他会死而复生（它禄死于公元 68 年）。希伯来语的“尼禄皇帝”写作 Qsr Nrwn，源自希腊语的“Kaisar Neron”(Κ α ι σ α ρ Ν ε ρ ω ν)。在希伯来语（不标记所有元音）中，字母 Qsr Nrwn 分别对应数值 100、60、200、50、200、6 和 50。这些数值相加等于 666，恰好三次低于完美数字七，而基督却三次超越了它。

十一

十一由两个相加等于第一个阴性数字(1+1=2)的阳性数字构成，代表阴阳的结合。圣奥古斯丁认为十一介于完美的十与囊括宇宙的十二之间，是罪恶的化身。有人称它是“恶魔的一打（一打原本应为十二）”，但是在非洲，这个数字象征旺盛的繁殖力。

十二

十二写出了三(1+2 = 3)，且是四的三倍（三的组合与四种元素的结合），是上帝国度的象征。在中国有十二生肖，在西方太阳有十二宫位，一年有十二个月，一天昼夜各有十二个小时，这些都使十二这个数字与天界联系起来。这种与天界的共鸣还可以在为期十二天的圣诞庆典中体现出来。

十三与十四

在西方，十三被认为是代表厄运的数字（它是犹大的代名词），而俗语“a baker’s dozen”却表示慷慨大方，十二之外“再添一个”的意思。月亮由新月渐盈成满月、再从满月渐亏成新月的过程各需要十四天。月亮在第十四天之前的“不圆满”的状态也解释了十三这个数字不吉利的缘由。

数字 5040 与巨石码

1×2×3×4×5×6×7 得出 5040，这是一个所谓的规范数，可以被从一到十的所有数字整除。柏拉图以 5040 作为他的虚拟理想城——马格尼西亚的公民的人数，如果被 100 相除，就会得到巨石阵过梁环直径的平均值（50.4 英尺）。史前的石头遗址、埃及和南美的金字塔、耶路撒冷的神殿、哥特式的大教堂以及其他诸多建筑，都依照这个数值和其他像黄金数字这样的几何和数字原理布局。亚历山大·汤姆教授在考察英法境内上百个环状石遗迹和其他遗址之后，提出巨石建筑的建造者们也使用了一种被他命名为“巨石码”的古老的基本度量单位。这个假说的单位来自天文学的观察，因为汤姆分析的众多环状石的排列都呈现出与天体活动（比如春分、夏至、秋分、冬至）保持一致的特征。在这些遗迹的背后隐藏着一种信念，即这些圣地能够聚集肉眼无法见到的能量，成为引导人类意识，破解奥秘的场所。这种信念依据古希腊思想家的观察，比如毕达哥拉斯就坚决主张，音乐、算术、几何极其精准地反映了万物的真正本质。毕达哥拉斯意识到乐器琴弦的长度与数字比率有密切的联系。音乐还具有一种转变人类意识的特殊能力。音符的间隔与比例、几何比例、天文周期都无一例外地遵循着数学规则。柏拉图曾总结，不管是人类的生命还是自然界，本质上都是数字的创造物。

塔罗牌

塔罗牌是盛行于中世纪的纸牌，起源于近东。这副牌共有七十八张，其中有五十六张与现代的扑克牌相吻合，只多出了一种宫廷牌——骑士。卡牌共有四组花色，分别是圣杯、五芒星（或星币）、权杖、宝剑（如下图所示），与现代的花色红心、方块、梅花、黑桃一一对应。“spade（黑桃）”来自意大利语或西班牙语 spada，意指宝剑。

除了这些数字牌和宫廷牌，还有一组二十二张特别的“trump(王)”牌（来自意大利语 trionfo，意指成功或胜利）。这些卡牌描绘了一系列具有象征意义的人物和物件，从一（魔术师）编号到二十一（世界）。还剩一张特殊的卡牌——愚人，这张卡牌往往不编号，或者编号为零或二十二。

这两组卡牌逐渐被叫作小阿卡那牌（这五十六张牌成为现代扑克牌的前身）和大阿卡那牌（王牌）。“阿卡那”意指“秘事”或符号，从这个名字可以看出，人们对王牌痴迷至深的程度。大阿卡那牌主要用于占卜，它们的象征意义包罗万象，可进行各式各样深奥的解读。这些卡牌被理解为精神的求索，是无知愚人的生命之旅。大阿卡那牌与卡巴拉以及希伯来语的二十二个字母有关联，也与像黄金黎明教团这样的仪式魔法的神秘传统有联系。

这副 18 世纪的法国卡牌遵循一种叫作马赛塔罗牌的样式，该样式可以追溯到公元 1500 年，是后来许多纸牌的蓝本。

愚人

愚人

大阿卡那牌中唯一没有编号的卡牌是愚人。在塔罗牌游戏中，这张卡牌是王牌中的王牌，相当于现代扑克牌中的大王。从神秘学的角度，愚人的角色被解读为圣洁纯真的普通人，他踏上大阿卡那其他二十一张牌象征的旅程。左图所示的牌面上他拄着一根旅行者或朝圣者用的手杖，被一只象征灵性、进取的猫催促向前。

13

13. XIII. 死神

十三在西方一贯是用来表示不幸的数字，在塔罗牌中，它是镰刀死神的数字。然而死亡不是邪恶，而是生命之旅必不可少的组成部分。无所畏惧地承认它的存在，知道其不可避免，则是向成熟迈出的一步。死神紧随赎罪的倒吊者而来，象征着与旧我联系的最终切断，开始更高阶层的成长。

1

2

3

4

5

6

7

8

9

10

1 I. 魔法师（又叫魔术师或游方艺人）：创造力和（自我）转变的能力；2 II. 女教皇（女祭师）：道德观和女性的洞察力；3 III. 皇后：安全、繁殖力、成长、女性的力量；4 IV. 皇帝：行动力、领导力、世俗的权力、男性魅力；5 V. 教皇（大祭司）：灵性的觉悟、灵魂的活力、男性的智慧。

6 VI. 恋人：激情、爱情、结合、婚姻； 7 VII. 战车：自我掌控、成功、生命的灵性之路、俗世的职业； 8 VIII. 正义：洞察力、平衡、对真理的奉献、成熟； 9 IX (VIIII). 隐者：对真理的冥想、道德生活、自足、独立； 10 X. 命运之轮：动态运动、自我转变、对命运沉浮的坦然接受、世俗智慧。

11 XI. 力量：灵性的力量战胜肉体的力量； 12 XII. 倒吊者：自我牺牲、赎罪、无私奉献； 13 XIII. 死神：向成熟的迈步； 14 XIV (XIIII). 节制：平和、对自尊自大和低级冲动以及欲望的克服； 15 XV. 恶魔：深度的自我反省、灵性追求者的试炼； 16 XVI. 塔（或上帝的居所）：最终摧毁通往自我实现的所有障碍。

17 XVII. 星星：灵性升华的开端； 18 XVIII. 月亮：神圣的女性能量、内在的神秘力量； 19 XIX (XVIIII). 太阳：神圣的男性能量、至高无上的智慧、与神性的愉悦融合； 20 XX. 审判：成功的蜕变，用基督教的说法是对有德者的最终回报，复活并达到永生； 21 XXI. 世界：完满、完整、自我实现、解放、自由、蜕变的自我。

11

12

14

15

16

17

18

19

20

21

迷宫

有趣的迷宫在世界范围内都有出现，甚至可以追溯到几千年前的岩画作品中。迷宫可以是单迷宫，盘绕的单迷宫只有一条不容错辨的路径抵达中心；另外还有一种复迷宫，就像益智迷宫 (maze)，故意“迷惑”(amaze) 进入的人。有人将单迷宫与复迷宫区分开来，而传说中的克里特岛迷宫则是复迷宫。教堂和大教堂地上的迷宫是单迷宫，供信徒行走其间，踏上象征意义的朝圣之路或灵性之旅。其他的迷宫变体有 meander（蜿蜒迷宫），是一种既无出口也无入口的迷宫样式，还有路径相互交错的无穷结迷宫。

有人将进入迷宫视作对子宫的象征意义的回归，等旅者从迷宫的中心回到外面的世界，他的精神也经历了新生，或者也可以视作象征意义的死亡与重生的过程。对基督徒而言，迷宫蜿蜒曲折的道路寓意我们在生活中脱离笔直狭窄的正道，但凭着内心的信仰终会找回通往宽恕和永生的道路。在东方，它代表穿过未知迷雾的旅程。心理学家将迷宫解读为大脑的路径，是对需要克服的精神和心理的障碍的具体体现。

迷宫也被制作成护身符，画在中世纪的房屋上以驱退恶灵。

生命的迷宫

迷宫代表我们蜿蜒曲折的生命之旅，寓意经常遭遇隐蔽的小径、障碍、错误、艰难的抉择。它的现代形式仅仅是一种挑战性的游戏，有时指最先到达中心的人获胜。

特洛伊城

威尔士和康沃尔的牧羊人曾经在草皮上修出单迷宫，只有一条狭长曲折的小径最终通往中心。他们称其为 Caer Droia，意指“特洛伊城”或“转角城”。这些迷宫或许用来象征赎罪的历程。

沙特尔大教堂迷宫

中世纪的北欧和西欧基督徒会在沙特尔大教堂见到一个设在正厅殿面的单迷宫。迷宫的中心象征耶路撒冷，因此，信徒穿过通道抵达中心，就象征性地完成一次圣城的朝圣之旅。

无穷结

无穷结是一种按任意一条路线总能回溯到起点的迷宫样式。它没有唯一的起点或终点，象征生命的无限、复杂与互相关联。在凯尔特人的基督教手稿中，它也反映了福音的永恒真理。

天空迷宫

在前哥伦布时期，即使南至遥远的秘鲁，都能找到迷宫的踪迹。刻画在加州西河滨县的一块岩石上的赫米特塞波巴图案是一个无始无终的蜿蜒迷宫。它采用了广为人知的太阳标记——万字符的造型，代表了天空之父和亚利桑那州的霍皮人的某些图案如出一辙。在世界的部分区域，坟墓融入了迷宫的设计，既保护亡灵免受生人的侵扰，也防止亡灵从冥界归来。

黑暗之心

围绕克里特岛的克诺索斯迷宫，有一个令人心驰神往的故事，象征人类违背神灵的后果。国王米诺斯不愿意将一头健壮的公牛献祭给海神波塞冬，波塞冬盛怒之下让米诺斯的王后帕西淮爱上这头公牛。王后授意王室匠人代达罗斯造出一头中空的小母牛供她和公牛在里面偷欢。结果她生下一个牛头人身的野蛮怪物：米诺陶洛斯（米洛斯的牛）。米诺斯又怒又怕，命令代达罗斯修建一个让米诺陶洛斯永远无法逃离的地道迷阵。这就是所谓的迷宫，它不是单迷宫，而是复迷宫。

米诺斯征服了雅典，要求雅典公民每年选送七对童男童女喂养怪物。有一年，英雄忒修斯混在这些孩子中间，准备伺机杀死怪物。米诺斯的女儿阿里阿德涅对忒修斯一见钟情，给了他一团线球，让他放线穿过黑暗的迷宫抵达米诺陶洛斯的巢穴。于是，忒修斯杀死了野兽，领着孩子沿着线团的线（索）走出了迷宫。忒修斯携阿里阿德涅逃离克里特岛，却在途中把她抛弃在一座孤岛上。阿里阿德涅为她父母的罪无辜受过，酒神狄俄尼索斯发现了她并娶她为妻，将她的华冠化作天上的星辰。

迷宫在心理学上被解读为表征我们最深沉的忧虑与恐惧的符号，象征野蛮的幻想，反映出被压抑的非分欲望。米诺陶洛斯则代表了我们原始的动物天性。

贡扎加迷宫

意大利中世纪强盛一时的贡扎加王朝的徽章或题铭章是简单的单迷宫的样式，有时被刻画成中心矗立大山的岛屿形象，象征建在湿地上的位于曼图亚的德泰宫。这个王朝的格言“Forse che si, forse che no”——“也许是，也许否”，恰如其分地概括了权力的无常以及生活中层出不穷的日常事务需要我们做出的艰难选择。

格拉斯顿伯里高岗

英格兰的萨默塞特郡有一座叫格拉斯顿伯里高岗的小山，环绕山体的是一处明显的古迷宫遗迹。迷宫螺旋环绕山体七圈，是通往山顶圣所的一条仪式性的古道，山顶如今是中世纪圣米迦勒教堂的遗址，基督教在问世之前的早期圣所大多被这位大天使的教堂取代。

神圣几何

从伟大的希腊数学家毕达哥拉斯（公元前6世纪）、欧几里得（公元前3世纪）与古埃及人的时代开始，就经久流传着一个说法，认定世界是基于数学原则创造出来的，而几何则是其中最有力的体现之一。一个绝佳的例子是所谓的黄金数或黄金比例，叫作phi（Φ），即1.618（更精确的是1.6180339887…）。如果一条直线(a+b)被分割成两个不相等的部分，稍长的部分（a）与稍短的部分（b）的比值等于a+b与a的比值，这个比值就是Φ（1.618:1或1:0.618）。

黄金比例被认为具有美学的魅力，自古以来便让无数数学家和艺术家为之着迷。诸多文艺复兴时期的艺术家，包括达·芬奇都将它运用到作品的创作中。它被认为是上帝关于宇宙的建筑大师使用的几何原理。融入这种比例的建筑物（如上图所示）是神圣原理的象征，不仅为居住其中的人们提供和谐的环境，还具有提升他们灵性意识的功效。埃及的大金字塔、雅典的帕特农神庙、巴黎圣母院、斯特拉迪瓦里的小提琴，无不参照了基于黄金数的建构比例。黄金比例还广泛出现在自然界中，大至人体结构，小到树叶的叶脉。

螺旋形

自然界中存在多种形式的螺旋形或螺纹，比如海贝壳、旋风、漩涡以及往外舒展、生机勃发的蕨类和其他植物。它具体的象征意义有所区别，但总的来说，螺旋形是充沛活力的象征，代表创造的舒展力量。

圆形

圆形是统一、无限、整体、完美的体现。它在众多传统中是太阳或满月的符号，指环形式的圆形代表团结和不可打破的和谐，表示团体、友谊、婚姻缔结的纽带。在中国，圆形或球体是无限宇宙的象征。

椭圆形

转变成卵形的球体是宇宙蛋和无限的创造潜力。在神秘学和巫师的古老传统中，环绕人体的光环就是椭圆形的。

正方形

正方形代表静止与稳定。在印度和中国的传统中，正方形是以四个方位为边界。北京天坛内象征天界的穹顶就支撑在象征大地的四根柱子构成的正方形基柱上。

药轮

有一种叫作“药轮”的石环散布在北美平原上，譬如位于怀俄明州的大角药轮，直径约 30 米，“轮辐”28 条，轮缘附近有五个堆石标，其中有一个突出在轮缘之外。轮辐相交于中心的堆石标——轮子的“轮轴”。药轮的用途不为人知。许多药轮位于高地，所以具有指向太阳或天界的象征意义，比如，大角药轮的轮轴与外突的堆石标刚好和夏至日出的位置连成一线。有些药轮的图案类似美洲土著舞蹈的编排样式。总的来说，药轮象征着神圣的循环原则，“药”与精神力量的聚焦点。

立方体

立方体作为五个柏拉图多面体之一，是对称美的典范，在自然界晶体的结构中也经常出现。立方体是正方形的三维形式，以其稳固持久的特性成为大地的符号。在《克莱门汀布道》一书中，使徒彼得宣称上帝化作一个立方体成为宇宙中心的基石，辐射出长度、宽度、高度兼具的三维空间。立方体完美的对称性使它成为真理的符号，因此，当像信仰和历史这样概念被拟人化时，它就充当其脚凳。伊斯兰教最神圣的场所是位于麦加的天房（如下图所示）——一座据说由亚伯拉罕（易卜拉欣）创建的古老立方体建筑。

双螺旋线

互相缠绕的双螺旋线代表互相排斥又互为补充的两股强大力量，因此，集中体现了生命和所有创造的动态能量。双螺旋线的各种表现形式包括蛇杖上互相缠绕的双蛇、以太极形式旋转的阴阳、阿育吠陀的昆达里尼能量，以及以 DNA 建构生命的砖块的双螺旋结构。

黄金矩形

黄金矩形是长宽比为黄金比例 phi（Φ）的矩形。最著名的设计运用是雅典的帕特农神庙——雅典娜女神的神殿，它也被建筑师勒·柯布西耶（更加有意识地）采用。和正方形一样，它也表达安全、平衡、静止、稳定的特质，是波动不定的反面。

命运之轮

在欧洲传统中，命运之轮代表好运与厄运、富裕与穷困永不停歇的无情轮转，体现出永恒变化的主题——一切又在上帝创造的固定框架之中。

埃及金字塔

作为坟墓，埃及金字塔与早期人们认为亡灵会升入天空化作星辰的信仰有关。它最初代表原初创世土丘的土堆，土丘上诞生了太阳神。到埃及第一王朝，土堆演变成带有斜坡面的矩形构造，或称马斯塔巴（来自阿拉伯语，意指“长凳”）。位于萨卡拉的左塞尔阶梯金字塔主体由大小逐层递减的六个马斯塔巴构成。历代法老多次尝试建造一座真正的金字塔，后来，在代赫舒尔，法老斯尼夫鲁终于建成了曲折的金字塔（向上的坡度中途改变，或许是因为原先陡峭的坡度并不稳固）。斯尼夫鲁接着又在附近修建了红金字塔，它是第一座真正意义上的金字塔。斯尼夫鲁的儿子胡夫，又名奇阿普斯（约公元前 2585– 前 2560 年），在吉萨修建了世界最大的金字塔。不知是巧合还是设计使然，它的比例非常接近黄金数字。

埃及的每座金字塔原先在顶端都有一个顶角锥——微型金字塔，往往加以题刻或者镀金以烘托破晓时分太阳的光线，每日再现太阳在原初土丘上诞生的场景。后来金字塔形的方尖碑是同样象征意义的别样表现形式，体现的还是诞生太阳的原初土丘。

三角形　　六线形

三角形

三角形拥有广泛的象征意义。三个角相等的等边三角形是圣三一的象征，代表完美平等的圣父、圣子、圣灵；在印度教中，它代表三相神——梵天、毗湿奴、湿婆三位主神，他们分别以创世神、护持神、毁灭神的身份掌管宇宙的循环。顶点向上的三角形代表太阳、火、阳性的能量；顶点向下的三角形与耻骨的三角形相关，表示雨水、月亮、阴性的能量。

六线形

最广为人知的六线形或六角星形是大卫之星（大卫盾）的图案，它自中世纪始就被用作犹太教的独特符号，至今还出现在以色列国的国旗上。大卫之星作为所罗门的封印也出现在西方魔法传统和卡巴拉中，是具有强大积极力量的符号。它由两个互相叠加的三角形构成，一个顶点向上，一个顶点向下，象征赫尔墨斯主义“上行，下效”的原理，表达出微观世界的概念。

九形图

在某些苏菲派的传统中，九角星形（九形图）被视作代表上帝的存在。在巴哈伊教的信仰中，这种星形具有数字上的吉祥意义。巴哈伊教的创始人名叫巴哈欧拉（Bahaullah），字面意思是上帝（Allah）的荣耀（Baha）。Baha一词的阿拉伯字母对应的数值相加，总和为九。一种不规则的九角星形的图案被用在新纪元体系中，代表九型人格。

圆锥体

圆锥体将代表无限的圆形和象征天界的三角形结合为一体，顶点朝上的圆锥体象征灵性的升华，顶点朝下的圆锥体则意义相反。

圆柱体

圆柱体结合了圆形和矩形的造型。笔直的圆柱体，比如神话传说中坚不可摧的塔楼，拥有男根的象征意义。水平放置的圆柱体就像管道，象征意义上更多地指向女性。

七芒星

七角星形也具有数字七的积极意义。在基督教传统中，七芒星代表创世的七天，并被用作驱邪的护身符。出现在切诺基民族徽章上的七芒星反映了七在美洲土著传说中的重要性，尤其代表传至第七代的后继者们肩负的重大责任。七芒星作为澳大利亚国旗上的联邦星，代表澳大利亚的七个联邦州。

八芒星

八角星形有多种形式。顶点环绕圆形分布的八芒星被认为是al-Shamsa（太阳）的化身。八芒星集正方形、圆形、八边形、三角形于一体，象征神的创造达到数学上的完美。

球体

球体代表无限和神的统一创造。它是世界和天穹的象征。中国艺术中的龙或石狮紧抓的球代表智慧的珍珠。

六边形

在基督教的传统中，六边形代表死亡，也许因为它指向的数字六，比完美的生命数字七少了一。

五角星形

五角星形是最为常见的几何星形。它无论是代表《圣经》中的伯利恒之星，还是预示新的黎明到来的启明星——金星，都是表达重生和复兴的符号。在西方，五角星象征超越四种元素的灵性，并被运用在魔法的仪式中以驱除负面的影响。

八边形

八边形有八个面，代表基督（超越完美数字七）的数字，寓意永生与复活。在耶路撒冷的圣墓教堂里，基督的坟墓（也叫作救赎之穴）上矗立着一座八边形的圆形建筑。八边形作为基督重生的符号，是圣洗池和洗礼堂的传统造型。在宗教建筑中，八边形的结构往往要上覆圆顶，形成从方到圆的过渡。

伊斯兰教

念功

排在伊斯兰教的核心职责——五功，第一位的是念功，即信仰的告白。它经常以书法图案的形式出现，如沙特阿拉伯的国旗所示。绿色是代表灵性的颜色。

Bismillah

“奉至仁至慈的真主之名”是被称作 Bismillah 的祈祷语。伊斯兰教的每个宗教活动以它开始和结束，且在日常生活中也常加念诵。作为具有象征意义的图案，它代表了神的仁慈。

伊斯兰意指“服从”或“顺应”真主，穆斯林（“顺从者”）全心全意地服从真主或安拉（“安拉”意指“唯一的真主”）。伊斯兰强调与真主“维持和平”（salam），因为只有遵循神的意志才能为宇宙带来稳固的秩序。

真主意志的表达在超越所有经典的《古兰经》（意指“诵读”）里，它被尊为真主直接启示穆罕默德（约 570—632）——伊斯兰教的创始人的原原本本的圣言。尽管穆斯林承认在他之前的先知的存在（包括易卜拉欣、尔撒和穆萨），但他却被称作“真主的先知”“众先知的封印”，因为《古兰经》被认为是真主留给人类的最后教诲，是真主在人间的力量、神秘、仁慈和怜悯的符号。它是真主的存在与赐福（baraka）实物的体现，因此，穆斯林在触摸此圣书时都倾向保持纯粹的仪式感。

《古兰经》是穆斯林生活和修行的基础，穆斯林的修行包括礼拜的职责、对贫者的怜悯、斋戒仪式以及麦加（如上图所示），在伊斯兰教最神圣的场所朝圣。这幅插图的主导颜色是绿色——伊斯兰教的神圣色彩。先知的部族打一面绿色的旗帜，而绿色也是天堂的颜色，人们相信信仰忠诚的人到了天国都会穿上绿色的丝绸。

《古兰经》从未配过插图，尽管伊斯兰教有用鲜艳图案装饰手稿的悠久传统。伊斯兰教的神学家们反对具象派的艺术，他们认为创造任何活物的形象都会挑战真主安拉独有的神的创造力。因此，伊斯兰教的装饰主要包括精美的书法（摘自《古兰经》片段）和丰富多样的几何花卉图案（比如，应用于清真寺内部的华丽装饰）。前者象征真主在人间的存在，后者代表他的无限完美与复杂。

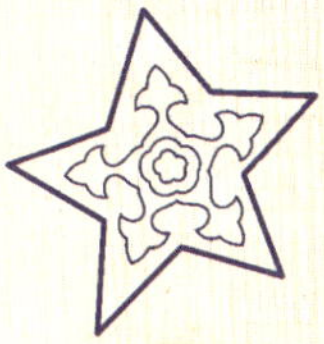

五角星

神有五种存在，伊斯兰教的修行以五功为基石，其中包括每日祷告五次。

六角形

三是象征天的数字，六是三的两倍，而六角形或六边形则代表“天之圆”。

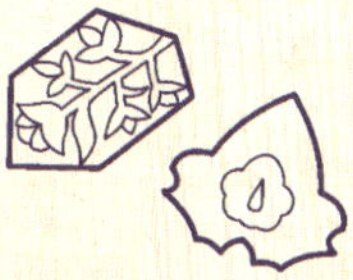

叶与花

某些六边形和上釉的“星芒”图形中风格特定的花卉图案象征天国里郁郁葱葱的植被。

八角星

八在伊斯兰教中是代表天国的数字。天国有八个区域，而在审判日，安拉的宝座也将由八位天使撑起。

十六角星

伊斯兰教的星形图案都基于一个圆形展开，表达无限和永恒的概念。中心的圆象征唯一的真主和麦加圣地。展开的星形有七个层次，七是完美的数字：真主有七种属性。最外层形成十六个角，是代表天国的数字八的双倍。色调丰富的蓝色寓意真主在天国的住所。

十字形

这个由横竖两笔构成的简单几何图案是一种古老而普遍的符号，拥有数以百计不同的表现形式。然而，不可否认的是，它现在最广为人知的形式是作为基督教的主要标志，象征基督救世付出的牺牲。十字形代表天地的交汇，对立双方的结合；因为它的四臂可以无限延伸，因此，它也代表宇宙、永生的交点；它也是宇宙的轴心，一切创造都围绕其旋转。十字架的四个端点象征四种元素和四个基本方位。此外，它也是生命树的化身，扎根于天，枝干入地。它还代表天空与天气诸神，西班牙的罗马天主教传教士惊奇地发现，十字形也是特拉洛克和恰克（中美洲的风雨神）的标志，而在基督教传入前后的斯堪的纳维亚，T 字形的护身符也代表雷神托尔的锤子。

此外，万字饰实际上是一种象征太阳、和平、生命循环动态的古老符号，同时，它也作为一种吉祥的标志广泛出现在印度教和佛教中。在基督教以前，凯尔特十字就拥有象征太阳的本质意义。

拜占庭十字架

该十字架广泛用于东正教，有三条横杠，第三条位于底部，就像一块踏板。底板的早期形式都是水平的，后来演变成倾斜的样式，据说代表在基督两边一起受刑的两个盗贼的命运。一个讥嘲基督，而另一个则被告知他将与基督同上天堂。

双十字架

大主教十字（置于中世纪教堂大主教的身前）上方的短横杠象征那块写着“犹太人之王”的木牌。该十字是法国安茹和洛林的标志，也曾是圣女贞德的象征。

拉丁十字架

这是目前使用最广泛的十字架样式，根据圣奥古斯丁的说法，它代表钉死基督的十字架的真正形状。无数基督教教堂都将正厅、耳房、祭坛建成拉丁十字架（受难式十字架）的结构。

倒十字架

倒置的拉丁十字架是“宗徒之长”圣彼得的特别标志。根据《彼得行传》记载，彼得特意要求以倒挂的形式受刑向基督表示谦卑，这一幕曾被米开朗基罗和众多艺术家们加以描绘。

希腊十字

希腊十字 (crux immissa quadrata) 四臂等长。在基督教中，它与圣乔治有关，更广义地说，它代表基督——这位降世并传播新生的神的凝聚力。基督教问世之前就存在众多类似的十字形，包括约公元前 1600 年的克诺索斯十字。

马耳他十字

该十字最早出现在亚述，后来在十字军东征中被耶路撒冷圣约翰医院的骑士团（也叫作医院骑士团、圣约翰骑士团）重新启用，而骑士团后来的总部定在马耳他。十字的四臂叉开，在尾端形成两角，指向八个方向。

教宗十字

该十字有三道横杠，是大主教双十字的变体，独属于教宗，称作 ferula。据说它和教宗冕或三重冕一样，都是三位一体的象征。它也指向教宗的三个职务：罗马主教、西方牧首、彼得的后继者。

T 形十字

该十字的横杠上方缺了一臂，因其形似希腊字母 tau（τ）或大写英文字母 T 而得名。也有人认为它可能是十字架最初的模样。在基督教传入之前，这个符号已经在埃及出现，后来逐渐与圣安东尼产生联系。它也是密特拉教的十字符号。

基督十字架

十字架在早期的教会中是罕见的符号，不仅因为基督教当时是非法宗教，还因为被钉死在十字架上是羞辱强盗和叛贼的象征。十字架甚至曾被异教徒用作讥嘲基督教徒的手段。使用更为广泛的是罗马的拉布兰军旗（代表耶稣基督的凯乐符号）和以锚、斧、三叉戟的形式表现的隐秘十字架。后来，钉死在十字架上的刑罚被废除。公元 312 年，基督教信仰本身合法化，十字架开始得到普遍展示，不但如此，随着信仰的传播，它还从皈依的民族中吸收了更多有关十字形图案的吉祥意义。其中，最为普遍的样式是简朴的拉丁十字架，当然还有众多其他的样式（右图所示的这枚拉文纳的十字架就采用了端部分叉的装饰样式），其中多数都拥有独特的象征意义。最通行的几种样式分别是拉丁式、希腊式、× 形、T 形以及双十字架形。十字架也是无数圣人的标志，并不局限于像彼得和安德鲁那样被钉死在十字架上的圣徒。

圣殿骑士十字架

四臂尾端分叉的希腊十字架由圣殿骑士团佩戴，后来成为表彰英勇军人的铁十字勋章的样式。

生命之符安可

在古埃及，ankh（安可，意指“生命”）的象形文字为上顶圆环的十字形。它被握在神明的手里，象征解开生死之谜的钥匙。

X 形十字

× 形十字象征殉道，尤其是殉教的圣安德鲁，传说他就被钉死在 × 形十字架上。

Y 形十字

Y 形十字与生命之树有关。它象征钉在十字架上的基督展开仁慈的怀抱。

罗马军旗拉布兰

拉布兰又叫作 chi-rho，后者是基督的希腊名的头两个字母 chi（x）和 rho（p）的组合。它在十字架流行之前是基督的普遍标志。

玫瑰十字架

叠加一朵玫瑰花的拉丁十字架是圣母玛利亚——不带刺的玫瑰的符号。后来，它成为玫瑰十字会的标记。

日常生活中的符号

日常生活的物品——小到玉米穗，大至宏伟教堂的穹顶都有数不胜数的符号体系，它们的意义既可能是实用性的，也可能是仪式性的，有些符号则与神话或其形状（外形）蕴含的意义有关。

工具与器械
武器
印度教
服饰
食物与饮料
职务的符号
乐器
建筑
共济会

工具与器械

家用的工具与器械反映了我们获取食物和生存的本能。它们有些被用于创造，有些则被用于破坏。因此，它们也获得了广泛的象征意义，甚至能折射出生命的循环与天地的相互作用。

轮

在众多文化中，轮子喻指年岁或季节的循环，或者出生、死亡、重生的轮回。对佛教徒而言，装有轮辐的“法轮”（如右图所示）代表佛陀传授的真理。

轮

钟

钟是示警的古老形式，是代表清醒、警戒、专注的符号。它清晰、纯粹的音色使它成为无垢的代名词，犹太新娘身上挂钟以表贞洁。

钟

天平

将两个物件各放一边进行称重的行为自古就是判断相对价值的符号。古埃及的《亡者之书》中描绘了将亡者的心脏放在天平上与真理的羽毛称重，以此判断亡者的美德是否能让其灵魂升上天堂。这也许就是基督教认为所有灵魂都将在审判日称重的思想源头。罗马女神朱斯提提亚（正义女神）是西方传统中法律的化身，她手执天平象征着公平和正义。

天平

犁

当人类社会转向农业的定居生活，犁成了象征富足平和生活方式的符号。“弃剑握犁”则成为和平的象征。犁时常被赋予两性的色彩，在印度，它是象征王者力量的传统符号。

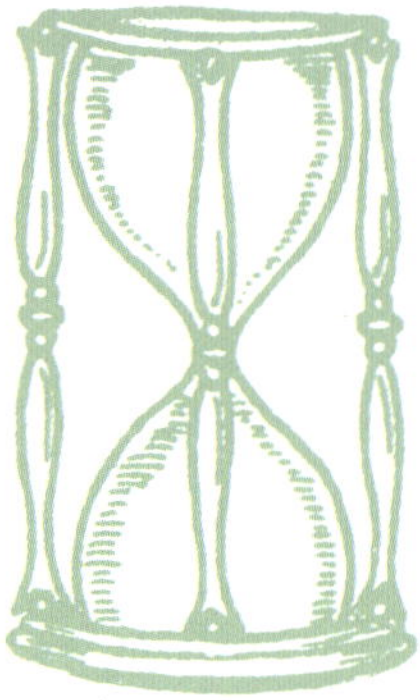

火炬

燃烧的火炬预示灵智的觉悟与真理。在古希腊，厄琉西斯的大祭司被称作 Dadukos，意为“持火炬的人”，指向他传达神谕的身份。火炬作为现代奥林匹克运动会的标志也可以追溯到古希腊。正如自由女神像所示，火炬也可以表达反抗黑暗专制势力的自由之光。

锚

锚是水手的守护神——巴里的圣尼古拉斯的传统符号，对所有陷于困境的人而言，是象征希望的符号。锚更普遍地用来寓意基督教的美德——希望（盼望），如《希伯来书》中说到的“灵魂的锚”，它与信仰和慈善（爱）共同构成至关重要的三美德。锚作为十字架的一种形式，象征通过基督得到救赎。

沙漏

象征时间与命运的希腊神柯罗诺斯手持一只沙漏。沙漏的两个腔室代表生死上下两界：逐渐清空的容器显示“时间之沙”流失殆尽，因而成为生命衰颓的普遍标志。然而，一旦把沙漏颠倒过来，人又获得了重新来过的机会，因此人的心灵也往往能够得到改变。

阶梯

从地面升向天空的阶梯是古代众多文化共同的符号。在《圣经》中，犹太人的先祖雅各梦到一座连通天地的阶梯，上面有神的使者上下往来，这样的图景象征着上帝与人类的沟通（《创世纪》）。天梯也表现奋发进取的热切渴望。

铁锹

罗马神祇萨图努斯有时被描绘成手握铁锹的形象，暗示他作为意大利古老农神的原本身份。纸牌中的“铁锹”（黑桃）其实是一把剑（意大利语为 spada，西班牙语为 espada），并在塔罗牌中被保留下来。

航船

大海上的航船象征脆弱的人类穿越浩瀚的宇宙追寻命运的归属。在某些古老文明中，逝者被安置在小船内推离海岸，人们相信亡灵会在大海彼岸找到一处安息之地（右图所示为印度尼西亚的灵船）。埃及人每年春天都要放走一艘船来纪念神明伊西斯，他们相信这艘船可以保护出海的水手免受恶劣天气的侵袭。在基督教传入之前的北欧，酋长会以船葬的形式驶往来生：英格兰萨顿胡的一处七世纪异教国王的船葬墓就是著名的例证。

教堂的主体部分叫作 nave（拉丁语 navis，意指“船”），将信徒比作同船的旅人，共同踏上灵性的征程，一路享受上帝的庇护，避开厄运的侵袭。船作为自给自足的共同体的概念隐藏在众多具有象征意义的意象背后。骆驼可以不吃不喝跋涉千里，因而被誉为“沙漠之舟”。

镰刀

长柄大镰刀是时间老人和死神的特征，后者又叫作死神收割者，一向以头戴兜帽的骨架形象示人。新月形的镰刀是阴性的象征，因此代表繁殖，也象征包括德墨忒尔、阿尔忒弥斯（狄安娜）在内的月亮女神。镰刀在符号体系中是农民的象征。

锤子

石锤是北欧雷神托尔的武器，在异教时期的斯堪的纳维亚是保护的符号，托尔锤子形的护身符一直到基督教时代都非常流行。不过锤子也是建筑工具，代表建设的进程。锤子在符号体系中是工人阶级的象征，通常与代表农民的镰刀一起使用。

杯和碗

作为承载食物的容器，杯、碗或盘具有女性的联系意义，它们的圆形造型将它们与时间和创造的永恒循环联系起来。高脚酒杯或大酒杯是承载长生不老药的容器，譬如中世纪亚瑟王传说中的圣杯。象征性或装饰性的杯子是运动锦标赛中常见的奖品。它因而成为成功和圆满的标志。它的源头可以追溯到古典神话中盛仙酿的杯子，奥林匹斯山诸神喝了仙酿便可以长生不老。

砧

砧是女性创造力和锻造生命的符号，特别是与代表男性的锤子联系在一起时。希腊人和罗马人将火山的翻涌和喷发归因于铁匠之神赫菲斯托斯（伏尔甘）的地下打铁炉。

曲柄杖

牧羊人的曲柄杖象征坚定却善意的权威：主教手持曲柄杖或牧杖，表示他们负责照看基督的羔羊。法老拥有造型特定的曲柄杖和连枷杖，象征他对埃及的统治，它们是冥王奥西里斯和丰饶土地的标志。

旗帜

旗帜是一个群体或民族身份、团结、独立、主权的象征。国旗往往被赋予具有重大文化意义的颜色和标志。许多欧洲国家的国旗上都有代表它们的传统基督教文化的十字图案，伊斯兰国家的国旗一般都有新月和星星的图案。法国有革命的传统，它的红白蓝三色旗启发了众多国家的国旗设计理念，尤其是那些通过革命或反殖民运动建立的国家。战旗是辨别敌我的一种方式，也是力量和反抗的标志。降半旗是公众致哀的象征。

碟子

碟子是丰足和成就的象征，也许源于将丰收的第一批果实陈列或展示于碟中以庆祝大地肥沃的风俗。银碟或金碟往往用作现代体育运动中奖励赢家的奖品，尤其是赛马运动。

轭

轭是象征压迫的传统符号，古罗马的敌人据说都“屈于轭下”，表明其被奴役的命运。但是轭作为一种有用的农具，也具有训练有素、协同进取、团队精神等积极意义。

武器

武器的双重作用——防御和进攻，使它具有矛盾的象征意义。武器若被用于“善之战”（正义之战），就会被贴上代表美德的标签：节操、正义、忠诚。在神话故事中，某些武器拥有神奇的特质，它会赋予使用它们的人以超自然乃至无敌的力量，帮助其直面凶险。武器作为权威的象征，其样式往往演变成高度形式化，供仪式或典礼之用，比如，英国议会中象征王权的黄金权杖。

在绝大多数情况下，一件典型的具有神奇特质的武器必定由贵重金属制成，因此，它巨大的价值也不言而喻。荷马在《伊利亚特》中描述国王阿伽门农的胸甲和盾牌是金银（一种叫作琥珀金的合金）的特殊合成品。在基督教中，武器被比作灵性的力量，也象征为和平王子基督而进行的“正义之战”。描述真实战争的语言成了描绘灵性进阶的措辞，正如马丁·路德那首著名的仿写《诗篇》的赞美诗所言：“上帝是我们安全的要塞，是庇护我们的剑与盾。”

西方艺术和雕塑中大量出现的武器和盔甲是代表胜利的传统标志。如果说武器是战争和侵略的象征，折断的武器则表示战争的终结。

刀或匕首

易于隐藏的刀或匕首往往带有险恶的弦外之音，暗示背叛或秘密交易的发生，同时，通常是暗杀的武器。它们也是仪式性的祭祀中常用的工具。在《创世纪》中，亚伯拉罕拿刀试图献祭自己的儿子以撒，被现身的天使出面阻止。阿兹特克人的仪式要使用燧石刀或黑曜石（一种象征死亡的火山熔岩形成的玻璃）刀献祭活人。

三叉戟

古典海神波塞冬（尼普顿）持握的三叉戟是格式化的闪电的形象。大不列颠的拟人化身不列颠尼亚，“海洋之主”也手持三叉戟，表示不列颠的英格兰、威尔士、苏格兰三个区域，或者英格兰、苏格兰、爱尔兰三个王国。

盾牌

在希腊神话中，镶嵌着戈尔工美杜莎头颅的盾牌是雅典娜（弥涅耳瓦）的一个标志，狩猎女神阿尔忒弥斯手持盾牌，象征她的贞洁守护神的身份。在中世纪的欧洲，盾牌被装饰以形形色色的设计图案，便于在战斗中辨别敌我，这便是纹章的起源。

斧头

斧头是世界通行的代表权力、权威和审判的象征。双头斧可能是古代克里特君王的月亮标记，斧头在其他众多文化中都有象征意义，且往往与太阳或风暴神有关，从这个意义上来讲，斧子与锤子有相似的象征性。在非洲部分地区，祈雨仪式的其中一个步骤便是挥舞斧头。在古罗马，一束棍棒和一把斧头绑在一起，由官员执握，成为权威的象征，它叫作法西斯（“束棒”），被墨索里尼用来命名自己的政党，其党徽也是“束棒”。

力量之剑

剑是代表军事和王权力量的最佳符号，是武士、骑士、国王的武器。不过和所有的武器一样，它可以做防御之用，以正义和荣誉之名保护弱者，因而也是英勇和骑士精神的代名词，同时，它也是世俗权力的象征。如果说剑是发动战争的标志，笔则是寻求和平的途径。爱德华·布沃尔－利顿在他的剧作《红衣主教黎塞留》中撰写了一句令人难忘的话语，“笔强于剑”——在此句问世之前，托马斯·杰斐逊也对托马斯·潘恩做过类似的评价。剑还可以用来比喻戳穿谎言的有力言辞：真理之剑。剑作为武器兼作防御和侵略之用，这种矛盾性反映在双刃剑的意象中，表明一种利与弊都格外显著的情形。

在中世纪的欧洲，剑是许多传说的主题，譬如亚瑟王的圣剑，谁能够把它从嵌入的石头中拔出来，谁就能被赋予唯一合法君王的力量。剑的外形肖似基督教的十字架，因此，十字军战士的徽章往往带有剑的图案。

锋利的剑刃使剑成为洞悉和觉悟的象征。在印度教神话中，毗湿奴的燃烧的剑是刺穿无知，象征纯粹真知的符号。佛教的智慧神——文殊菩萨所持的宝剑也具有类似的特征和象征意义。

棍棒

棍棒是暴力的原型符号（左图所示为泰国一座寺庙的守护神手执棍棒）。它是最早问世的武器装备之一，被古典神话英雄赫拉克勒斯（大力士）用作武器，也是包括达格德哈——古爱尔兰神话中族长一般的正义神祇，在内的众多凯尔特英雄的武器。达格德哈的棍棒的一头会将人击打致死，然而用另一头一碰又能让人起死回生。

长矛和标枪

长矛是马背上使用的武器，标枪或投枪则在地上投掷。长矛是男性骑术和骑士气概的反映。即使长矛断裂，圣乔治（如右图所示）也杀死了恶龙，因此，断裂的长矛成为他的标志之一。刺穿钉在十字架上的基督肋部的罗马士兵通常被描绘成手握长矛的骑兵军官。传说他的名字叫作朗基努斯，源于希腊语的长矛。长矛也是希腊女神雅典娜和阿尔忒弥斯的一个特征。

弓箭

在人类已知的最古老的武器中，弓箭是猎人和战士的悠久标志。古典太阳神阿波罗的弓箭象征太阳的转化功能。弓象征太阳的能量，箭代表活力四射的光线，能够穿透并滋养大地。在中国，弓是伟大的神射手羿的标志。相传，古时天上挂着十个太阳，眼看要将大地烤焦，羿射下了其中九个。若是哪家生了男孩，就会在门口挂上一张弓。

彩虹有时被解读为神之弓，因为上帝将他的弓挂在天上，标志洪水终结以及他与诺亚立约（《创世纪》）。与之类似，在印度教的神话中，湿婆的弓是神力的代表，弓也是罗摩（如左图所示，骑在哈奴曼的肩上）的特征。但是弓箭并不是独属于男性的符号。在古典神话中，女神阿尔忒弥斯（狄安娜）是诸神当中骁勇的女猎手，她的箭射死了狂妄自大的王后尼俄柏的七个女儿，在某个传说中，她还射死了猎人俄里翁。阿波罗使计让阿尔忒弥斯射死俄里翁，杜绝两人相爱的可能，射手与猎物之间色欲的张力在丘比特的爱情之箭上也有体现，它象征性欲吸引的苦乐掺半。射手掌握着夺命能力和身体控制之间的平衡，这在黄道星座人马座——也称射手座身上得到完美的体现。

箭在基督教艺术中象征殉教和不朽。圣塞巴斯蒂安是典型的例子，他通常被描绘成乱箭穿身的形象，然而，他历经劫难却能神奇生还。折断的箭和其他失效的武器都可以用来表示和平。

狼牙棒

仪式用狼牙棒（此处被帝国之鹰抓握）肖似权杖，与它的原型——一头凸起可以击穿盔甲的军用大头短棒已经相去甚远。头顶王冠的仪式用狼牙棒是英国和其他英联邦国家在议会中代表王权的符号。

盔甲

无论是中世纪的欧洲还是武士时代的日本，一副盔甲不仅能够保护战士的性命，还因为鲜有人能负担得起，成为一个人身份高贵的象征。“身着闪亮盔甲的骑士”是西方对理想骑士的传统表述，屠龙拯救少女的圣乔治的传说就是其具体体现。他往往以中世纪骑士的形象出现。即使后来火器的发展早就改变了战争的性质，盔甲依然是表现高贵和军事实力的符号。

鞭子

在诸多社会中，鞭子的使用象征着驱邪。据说，耶稣在耶路撒冷就是拿着“绳子做成的鞭子”（《约翰福音》）将施行敲诈的货币兑换商赶出神殿的。有绳结的鞭子尤为恐怖，它的设计专为撕裂受鞭笞者的皮肉。基督被钉到十字架上之前惨遭鞭打，鞭子因而成为基督受难的刑具之一。事实上，它是罗马帝国流行的惩戒工具，并逐渐演变成残酷压迫的标志。鞭子也寓意毫无保留的猛烈对抗。作为自罚的工具，它还表示忏悔，是抹大拉的玛利亚和其他圣徒的标志。

印度教

印度教虽然没有单一的创始人、导师或经书，但大多数教徒都相信人去世后灵魂会再生，以及业（个人一生的行动）将对未来几世产生影响的观念。解脱，即从再生的无限轮回中得到解放，只有通过正确的生活和虔诚的修行（包括祭祀神明和瑜伽冥想）获得最高的智慧才能实现。任何提升生命的修行，比如医药、舞蹈、建筑都可以成为虔信的行动。

下图所示为显示了其他神明在场见证毗湿奴与其配偶拉克希米结婚的场景。众多印度教的神祇都被认为是“梵”（此处的“梵”意指至高无上的唯一存在，不应与梵天神混淆）的不同显现。梵会借这许多不同的化身与人类亲近。某些神祇为所有印度教教徒耳熟能详，如毗湿奴、湿婆。其他神明，如梵天、伐楼拿，如今的名声却没有早期那么显赫。此外，还有无数的地方神。

印度教寺院的圆锥形宝塔是诸神在天界的居所——须弥山的象征。重要的圣事和像结婚这样的人生庆典，都得在象征宇宙的圣火（阿耆尼）的见证下进行才能生效；在象征意义上，遗体也只有通过火化才能回归宇宙。

aumkar

aumkar 代表印度教教徒祷告时发出的第一个和最后一个神圣音节 Om（唵）。这个音节被认为有三个音 (a-u-m)。在众人眼里，它是宇宙的第一个音，因此是真知的化身。

具

印度教谭崔派的修行者运用具作为冥想的焦点，在灵性修行之道上寻求解脱（moksha）。和佛教的曼荼罗一样，具也是象征宇宙的示意图。

头饰

这座10世纪的雕像塑造了毗湿奴（右）和湿婆（左）合体而成的诃里诃罗的形象。他的头饰一半为毗湿奴的王冠，一半是湿婆堆叠缠结的繁复发髻。

三叉戟

三叉戟（trishula）是湿婆的武器，代表创造、护持、毁灭或其他形式的圣三一。

南迪

诃里诃罗左侧的各色形象中包括他的坐骑公牛南迪。此外，还有湿婆的儿子——象头神伽内什。

圆轮

毗湿奴的圆轮（chakra）状似铁饼，边缘的利刃可以刺穿无知。它如莲花（毗湿奴的另一标志）一般下接茎干。

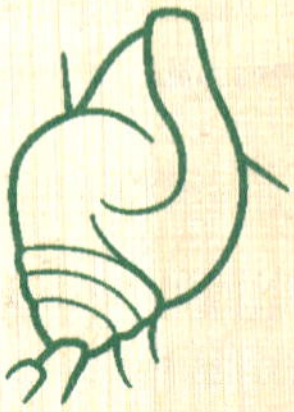

海螺

毗湿奴的海螺号象征创造之音。这样的号角自古便用于圣礼。

迦尔吉

诃里诃罗右侧的各色形象中包括毗湿奴未来的第十个化身——迦尔吉，他是一个骑白马的武士，将创建一个新的时代。

诸神与标志

印度教最显赫的神明有毗湿奴、湿婆、女神（提毗），提毗可以化作不同面目，诸如夏克提女神、杜尔伽女神、迦梨女神。毗湿奴化身成十种形象与世界的邪恶势力斗争，最得人缘的化身是克利须那——通常是一个蓝皮肤（与毗湿奴相像）的吹笛少年和罗摩（史诗《罗摩衍那》的英雄）。湿婆和配偶雪山神女（女神的一个化身）分别以林伽和约尼为代表。毗湿奴和吉祥天女的婚姻象征夫妻的理想结合。

其他著名的神祇包括哈奴曼（猴神）和伽内什（如右图所示），伽内什善于克服阻碍，因此，人们在开始任何任务或旅程前都要向他膜拜。他象头（可以摧毁大的障碍）人身，坐骑是一只老鼠（可以通过咬噬穿过小的障碍）。

许多神祇都配有多个武器，两手各持一个武器或者其他象征性所有物，彰显他们的无限威力。多数神祇还有对应的动物符号。

服饰

在所有时代和文化中，个人的着装配饰都是肉眼可见的显著符号，此符号时而表达个性、独立、自由的意志，时而表示服从、依赖、个人服从于群体。服装可以表示民族或者文化的皈依，也可以表达宗教信仰。各行各业都需要适合工作的特别服装，而这些服装反过来成为某些品质的符号，比如共济会成员的围裙、工匠的无边帽（埃及神祇卜塔戴着这种帽子表明他的造物神身份）。在基督教艺术中，我们可以从某些圣人的服饰上辨明他们的身份，比如施洗者圣约翰通常穿着他在旷野传道时用动物毛皮做成的粗糙短袍，而将《圣经》翻译成拉丁文的圣杰罗姆有时则被时代错置地描绘成身着枢机主教红袍的形象。至于亚当和夏娃，他们穿衣服遮羞则象征纯真的失落。

某些职业或群体，譬如陆军、海军、警察、教会、律法、司法、医学，通常都要求从业人员穿戴制服（uniform）——制服的字面意思就是服装的“单一形式”，表明个人在群体中技术、等级或者职位的象征，教会或军队这样等级严明的组织尤为如此。基督教的法衣囊括一系列象征教会的季节、仪式、节期的颜色。制服也暗示对群体道德准则的接受，往往通过宣誓的形式公开表示。

貂皮

装点黑色貂尾的白色貂（鼬鼠）皮阔领或阔边价值不菲，需要好几只鼬鼠的毛皮才能制成。因此，它也是王室或高贵出身的象征。

监狱的囚犯必须穿上制服，以表示他们对权威的臣服和个人自由的丧失。像婚礼和丧礼这样的正式场合往往要求来宾穿上类似制服的服装，比如礼服或丧服，来表达对这些场合的主人公（新婚夫妻或者已故之人）的尊重。即使在多数情况下并不强制要求穿制服，隐形的“着装准则”也可以显示穿戴者的权威和地位，并暗示其正直的品质。

头饰

头饰的样式是官职或地位的标志，譬如主教的法冠、美洲土著酋长的头饰（如左图所示），都代表了佩戴者的权威。特殊的头饰，如犹太教教徒的圆顶小帽或无檐便帽、锡克教徒的包头巾都能表明一个人的宗教信仰。脱帽是表示尊重的普遍标志，但是犹太教教徒则习惯在上帝面前遮住头部。

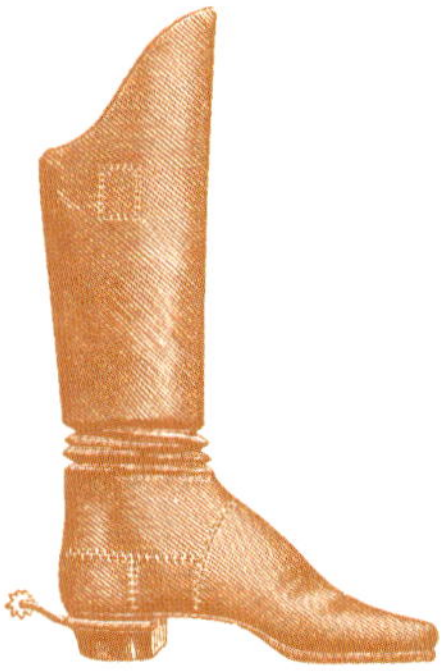

鞋或靴

古时的奴隶光脚走路，所以鞋子是自由和地位的象征。英格兰曾经有朝新娘或新郎身后扔一只鞋子的习俗，意在祝愿他们在人生的旅途中一帆风顺。一双鞋子在中国表达相似的祝愿，因为“鞋”（xié）与和谐的“谐”、偕同的“偕”谐音。靴子则拥有更多的侵略意味。神经失常的罗马皇帝盖乌斯童年的外号是“小军靴”（卡利古拉）。

手套

手套是身份的象征，神职人员戴的手套寓意没有被玷污的“净手”。然而，“藏在手套里的钱”却指贿赂，这一说法源于诉讼委托人偷偷塞给律师一双手套恳求为他代理的古老风俗。“手套里的手”表示的是一个事物紧密贴合另一事物的概念，表示关系融洽或甚至代表非法的勾结。

托加袍

托加袍是罗马公民的显著标志，它属正式服装，是一件巧妙缠绕身体的羊毛制的宽长袍。元老和皇帝穿着紫色镶边的托加袍，紫色是造价高昂的染料，是身份的象征。身份尊贵的女子所穿的对应服装叫斯托拉，一种有褶的长裙。穿托加袍的女人则会被认作是妓女。

披风或斗篷

以利沙接受了以利亚的斗篷，表示他接任了上帝的先知的身份（《列王传下》），因此，“接受斗篷”的意思是接过责任的担子。圣马丁的披风（拉丁语 cappella）是珍藏在法国图尔市一座特别的圣祠的著名遗物。这件遗物的名字被用来命名这座圣祠，后来又用来称呼任何类似的建筑：“chapel”（小教堂）一词由此产生。此外，披风还有（恶意）隐藏的意味。

面纱

面纱是代表谦卑的普遍符号，表明对社会上层人士或神明的尊重和依顺。摩西从西奈山下来，必须戴上面纱保护他的追随者们，使其免受上帝在他脸上的耀眼反光的灼伤。穆斯林信仰的众多女性头罩面纱以示谦卑，而在基督教的婚礼上，新娘按照习俗罩上面纱代表她结婚之前的纯洁之身。面纱是贞洁的拟人化人物的特征。有时，它也携带有一层欺骗的意味。在《圣经》中，雅各将蒙着面纱的利亚误认作拉结，结果不得不再服侍他的岳父拉班七年。

梵蒂冈收藏的一件著名的圣遗物是一块亚麻面纱，一个名叫贝雷奈西（如右图所示，拉丁文维罗妮卡）的妇人用它擦拭了背着十字架前往受难地的基督的面庞。基督的五官轮廓据说就此神奇地印在了面纱上，这块面纱在拉丁文中叫 Vera Icon，是 Veronica 的异序词，意为“真正的形象”。

龙袍

中国的皇帝身穿黄色丝袍，上面绣着龙和其他帝王符号等丰富的图案。只有皇帝才有权穿绣着五爪帝王龙的龙袍。居于帝王之下的贵人穿的袍子上装饰着四爪或三爪龙。

金属手套

在中世纪的骑士制度中，不戴金属手套是手无寸铁、毫无敌意的意思。扔下金属手套是向同等社会地位的骑士或贵族挑战的意思，将手套捡起则表明接受挑战。

腰带

腰带具有顺从或贞洁和授权的双重意义。在古典神话中，阿佛洛狄忒（维纳斯）拥有一条使她的魅力无人可挡的神奇腰带，“伊西斯的腰带”在古埃及是活力和纯洁的象征。圣母玛利亚的腰带是基督教的著名遗物。战士们“束上腰带”佩带武器。

凉鞋

凉鞋是迅捷的象征，插上双翼的凉鞋是众神的使者赫尔墨斯（墨丘利）以及英雄珀尔修斯的特征，后者用这种白双翼的凉鞋杀死了海怪刻托。

短袍

短袍穿在身上紧密贴合躯体，因此，在基督教传统中，身体被比拟为“灵魂的短袍”。在希腊神话中，赫拉克勒斯就是因为穿了浸了毒液（一触毙命）的短袍才暴毙而亡的。

食物与饮料

在古代，自然的馈赠与神的恩赐联系在一起。丰收是神的恩宠，歉收则是对不顺从和不忠诚的惩罚。众多信仰都有就餐前祷告的习俗，意在感恩神赐予食物。一年当中每逢农事的转折点都有节日庆祝，比如，犹太教的许多节日的起源都与农业的周期相关。神的身体可以通过食物得到飨足的观念衍生出祭祀的供品，如犹太教传统的烧烤祭品、希腊诸神享用的仙馐以及更通行的纪念神明的盛宴。比如，其他著名的宴会——迦南的婚宴，宴席上的酒代表天之灵，与代表世俗生活的水相对；此外，还有耶稣喂饱五千人的神迹，神迹中的饼和鱼是永生的象征。

面包

面包作为基本的营养来源，是生命的象征。在宗教的比喻中，基督被描述成“生命的面包(粮)”(《约翰福音》)。酵母作为对烘烤不可或缺的成分，是具有象征意义的，未经发酵的面包在犹太教的思想中代表纯洁和牺牲，发酵拱起的面包则表明灵性的转变。在某些文化中，掰断面包意味着死亡。

鱼

早在神秘宗教时期，意义重大的饭食中就有鱼的身影。神秘宗教的信徒会食用由鱼、面包和酒构成的圣餐（这些后来都在基督教的圣餐中得到反映）。鱼因多产受到古人的崇拜，他们选在星期五吃鱼作为纪念，这一做法被星期五（基督在星期五受难）禁食荤腥的基督教接纳。

稻米

稻米作为东方的主食，也具备西方的玉米和小麦赋予生命的品质。根据中国的神话传说，稻谷最初是自然生长的，等到天地的沟通切断，农民才要到稻田劳作以获得收成。

小麦与大麦

小麦作为主食是比面包更基础的食物，被认为是食粮的永恒象征。在希腊的厄琉西斯秘密仪式上，新成员通过凝视一粒小麦，祭拜丰饶女神德墨忒尔，他们相信这样做会带来好的收成。上一年的小麦种子到春天重新发芽的奇迹，使小麦成为《圣经·新约》中象征复活的符号。

众神的谷物

玉米作为美洲诸文明的主要作物，是仁慈和富足的象征。每年春天玉米大量抽穗，来年死而复生，这一特质赋予这种作物某种神性的特质，一种独属于神的基本要素。

在埃及，玉米死而复生的特性体现在神明奥西里斯的身上，他监管丧礼的流程，审判亡者的命运。在中美洲，玛雅人和阿兹特克人都崇拜司掌授粉过程和作物收成的谷神。玉米的秆和穗被当作丰收神的偶像供奉在阿兹特克农户的家里，有时还会成为战士佩戴的吉祥饰物。

美国西南部的土著民族将玉米、豆子、南瓜并称为“三姊妹”。玉米是果实累累的象征，人们经常在他们的医药包里放玉米花粉，用来供奉神灵和增强繁殖能力。

吗哪

以色列人在西奈的旷野流浪濒临饿死时，吗哪突然神奇地从天而降供他们食用。摩西说它是天堂的面包："样子像芫荽籽，颜色是白的，滋味如同搀蜜的薄饼。"（《出埃及记》）。于是，吗哪被普遍用来指令人惊喜的事物。

月饼

月饼是中国人用来庆祝中秋节的食品。它是莲子，面团和鸭蛋黄制成的圆形糕点，供阖家老少、亲朋好友赏月时享用。

葫芦

道教八仙之一以葫芦作为其标志。葫芦的长寿象征意义源于从葫芦里冒出的烟，代表灵魂摆脱躯体得到解放。

蘑菇

蘑菇在道教传统中也与长生有关。西王母经常被描绘成手持一朵蘑菇的形象。某些蘑菇的致幻作用给它们增添了一层神秘和新生的意义。

逾越节

犹太人在逾越节要吃家宴，以纪念当年逃出埃及的经历（死亡天使"逾越过"犹太家庭的房屋，犹太人得以幸免）。这顿家宴的食物代表了逃亡的若干要素：牺牲的（逾越节）羔羊的血意味着拯救（基督教认为基督是在逾越节流血的上帝的羔羊），无酵饼提醒人们记得逃亡的匆忙（没有时间添加酵母），鸡蛋代表崭新开始的希望，苦菜象征在埃及遭受的苦难。

西红柿

西红柿是美洲土生土长的植物，新墨西哥的普韦布洛人认为它具有超自然的品质——那些看到西红柿籽且吃下去的人据说将会得到占卜的天赐能力。这一观念传至该地区的东部变了性质，西红柿与巫术同流合污。西红柿传到革命时代的欧洲，尤其是法国时，果实红艳的色泽成为流血的象征，大受欢迎，成为一道佐菜。

最后的晚餐

基督在受难之前和他的门徒所吃的最后一顿晚餐象征着犹太教的旧价值被基督的新教义所取代。逾越节的庆祝宴席上喝的葡萄酒（代表基督的鲜血）和吃的饼（代表基督的身体）寓意门徒和之后的所有信仰追随者都能共享永生的新的精髓。隐藏背后的意义是晚餐献祭基督的事实，因此，基督徒举行圣餐礼加以纪念，"感谢"上帝牺牲了自己的儿子。最初的教会在纪念仪式上纳入鱼这一道菜，鱼是基督永生的象征。文艺复兴时期的画家习惯将《最后的晚餐》作为一种圣礼进行描绘，基督将葡萄酒倒进高脚杯，并以神父的姿态祝圣麦面饼，福音书的作者约翰则依偎在基督身上。

蜂蜜

黄金色泽的甜美蜂蜜是艺术家、诗人和先知的灵感来源，这使它仿佛出身神界，能够酝酿出雄辩的智慧箴言。

南瓜

南瓜代表鲁莽妄为、脑袋空空。因此，在万圣节就有被掏空、刻上疯狂表情的南瓜脑袋招摇过市。

西瓜

西瓜原产自非洲，到 11 世纪已经在东亚地区得到种植，在 16 世纪末或 17 世纪初传至英格兰。在东南亚地区，西瓜因多籽成为繁殖的象征。在墨西哥的亡灵节上，西瓜也是艺术家惯常描绘的对象。

葡萄酒

葡萄可以榨成汁，汁水又可以转化为一种神奇的烈性液体，葡萄酒因而具有了良性转变的象征意义。它代表自然的力量、繁殖力以及死而复生。葡萄酒使压抑得到释放，因此，也寓意着揭示真理，尤指戳穿谎言。老普林尼在他的《自然史》一书中声称“in vino veritas”即“酒中（有）真言”。在伊斯兰教中，葡萄酒代表天国的许诺。

苏摩酒

对印度教教徒而言，苏摩酒是一种象征众神活力的酒类饮料。凡是喝下的人都会被注入神力。苏摩酒与月亮有关联，月亮每月需要太阳来复原活力。苏摩酒的力量在印度教艺术中通过一只雄鹰或一头公牛加以呈现。

长生不老药

中世纪，中国的炼金术士相信有一种叫作“长生不老药”的神奇粉末或液体可以让喝下它的人获得永生的恩赐。通过摄入现今确认有毒的物质，如水银或汞、硫黄，炼金术士认定这些物质具有延年益寿的功效。“长生不老药”也是“点金石”的别称，后者能够让贱金属转变成黄金。事实上，这种炼金的过程已经被用来比拟通往觉悟的灵性之旅，特别是在藏传佛教艺术（如右图所示）中，神明、圣人、导师都会被描绘成手持瓶子（其中装着长生不老药）的形象。

神话世界的大锅

用大锅熬制魔力药水的桥段在神话故事中频繁出现。在凯尔特人的传说中，大锅生成鲜花水果取之不尽的丰裕之角，也具有使受伤的战士恢复元气的功效。爱尔兰神达格达更厉害，用一只永远倾倒不尽的锅使人起死回生。女巫用大锅混合药剂，并以此生成魔咒。

蜂蜜酒

在凯尔特的传说中，蜂蜜酒是众神饮用的、能使人长生的玉露琼浆。凯尔特人的主要节日萨温节上也要饮用此酒，因为众神在人世的代表——祭司们也会参加节庆。蜂蜜酒是蜂蜜发酵酿成的，它的甜味在某些文化中代表真理。

酒神节

在古希腊和古罗马，人们举行一醉方休的狂欢盛宴纪念酒神——狄俄尼索斯（希腊）与巴克斯（罗马）。酒神节的狂欢包括仪式性地喝一种圣酒，象征庆祝者与神明的令人心醉神驰的合二为一。这种神秘的崇拜使参与者获得来世永远狂欢下去的希望。

职务的符号

特殊行业或拥有特殊技能的从业人员往往可以凭借他们穿的特别服饰或者他们的工作道具一眼辨认出来。在欧洲，这种情况在过去更为突显，比如，英国的医生可以凭他们手持的银头手杖加以辨认，而学者无论何时在公共场合现身，都会穿戴黑袍、黑帽。

然而，精英集团的成员——统治者、贵族、武士、神职人员、治疗师、诗人、法官、行会成员以及其他职务加身者，往往都凭借具有纯粹象征意义的独特袍子、徽章以及其他服饰表明自己所发挥的特殊社会职能，也同时指向他们在社会中所处的地位和等级。在现代社会，这种象征性的服饰配备仅限于特殊的仪式和节日，譬如罗马天主教、东正教、英国国教和其他基督教教派的教士们穿的特殊“法衣”。但是，教士也可以搭配寻常的服装，只戴一个特别的白色硬立领，教皇穿一件白袍显示他作为罗马天主教教宗的身份：白色代表神的公正（《马可福音》）。

像共济会或其他特殊群体的私密组织则可能拥有它们独有的符号语言，表明团体身份和与外部世界的隔离。

权杖

权杖类似用于作战的狼牙棒，是至高权力的象征。在古希腊，唯有执权杖者才有权宣布判决。在众多文明中，权杖代表无情的惩戒，上面携带着诸如老鹰、雷神或毁灭神之类的标志。信仰基督教的君主往往手持附有十字架的金色权杖，且在加冕仪式上将它握于右手（执政之手）。

牧杖

牧杖是精心制作的牧羊杖，象征主教作为虔诚羔羊的看顾者——“bishop”（希腊语 episkopos）的字面意思，牧师的身份，直接接替好牧人（基督）的使徒的使命。它也象征主教作为教区牧首的纪律监察的身份，防止迷途的羔羊走离正统的羊圈。半圆形的权柄则代表上帝的赐福，通过主教的关怀降到众教徒中间。

十字圣球

十字圣球的字面意思是“世界”（拉丁文 orbis），它是一只顶着十字架的金色圆球，象征基督君临宇宙，进而表示基督授权世俗的君王，以他的名义实行统治。在英国，它指向君王的“信仰的守护者”的头衔——教皇赐予亨利八世的头衔（讽刺的是，正是亨利八世后来拒绝承认教皇的权威），之后的君主保留了手握十字圣球的传统。加冕礼上，十字圣球握于左手（和平之手）。

王冠

王冠是王权权威的至高象征。在古典世界里，王冠或冕象征众神授予的天权。不同于后来欧洲的王冠，希腊罗马的王冠往往非常朴素，比如，橡树叶（宙斯 / 朱庇特的圣物）或月桂叶（阿波罗的圣物）编制而成的王冠。罗马皇帝头戴象征胜利的玫瑰王冠，代表来自太阳神的赐福。

“典型”的王冠是一个顶端呈细齿状的金属箍，这种样式源于欧洲早期对罗马桂冠的非写实呈现。到了中世纪鼎盛时期，王冠变得富丽堂皇，十分夺目，由贵重的金属和宝石打造而成，成为佩戴者权力、地位的象征。王冠顶端的十字架代表基督君临天下，君王以他的名义实行统治。在现代王国，王冠的展现往往是国家权威的标志。在欧洲，如今只剩英国的君主享有正式的加冕圣典。

中国的皇帝头戴精心打造的冠冕，上面装点着象征帝王的金龙和代表智慧的珍珠。皇后则带着同样精巧繁复的头冠，上面有代表她的符号——传说中的凤凰。

圣油瓶

圣油瓶是盛装圣油的长颈瓶，用在典礼上给君主涂抹圣油，这一仪式可以追溯到《圣经》中以色列列王被涂抹膏油的描述(《撒母耳记上》）。这一举动象征性地表明了上帝和教会对新君主的祝福。

所罗门的宝座

宝座作为君王的座位，是近似神权的象征。所罗门王的宝座是最精心打造的宝座之一（《列王记上》），它是君王的权力和智慧的象征，成为后来犹太教和基督教世界王座的灵感来源。宝座以象征不可腐败的象牙做基本框架，通体用代表神的智慧的太阳色的黄金包裹。权力化身的两头狮子代表所罗门王国所辖的两个区域——以色列和犹大。在通往宝座的六层阶梯之上还分列着十二头狮子，代表以色列的十二个支派。

戒指与手镯

戒指的形状是一个没有终点的圆环，这赋予了它永恒、持续、不可违背的誓言等象征意义。因此，戒指戴在手上可表明神圣的职责，比如，君王可能在加冕礼上戴上戒指，表明他或者她与自己的国土或子民缔结的“婚姻”。修女同样手戴戒指象征她与基督神圣的“婚姻”。教皇戴的“渔人戒指”象征他作为基督的宗徒看顾信徒（信徒也被称作pisciculi或者“小鱼”）的身份。手镯或者臂环具有类似的象征永恒的意义，比如，埃及的法老佩戴镶嵌着代表来生的圣甲虫的臂环。

手杖

代表官职的手杖源自简单的棍棒，而棍棒既是最基本的武器，也是旅人的依仗。它作为神力和魔力的古老符号，代表强壮的男根或伸出的问责的手指。在英国，通过各色皇室和议会官员在仪式场合携带的手杖可以辨认其身份。在英国议会每年的开幕大典上，“黑杖侍卫”敲响下议院的大门要国会议员去觐见女王。他的要求一开始会被拒绝，象征对独裁的摒弃。

军衔徽章

罗马军队是西方第一个发展出军阶的军队，在短袍上标记条杠表示军衔。现代军阶发端于18世纪，当时的士兵和军官开始佩戴徽章显示地位。在陆军中，士官（一等兵或上等兵、下士、中士）分别通过袖子上的一、二、三道V形图案加以区分（如右图所示）。军官（少尉以上）往往佩戴标有军衔符号的肩章或肩饰，军衔符号是杠、星、点和（在君主国）王冠的各种组合。军衔最高的军官通常佩戴额外的徽章，最资深的将军（也叫作元帅或陆军元帅）被授予仪式性的指挥棒。

海军拥有跟陆军相似的体系，除此之外，在多数情况下，海军的所有军阶还会佩戴袖章。军官的袖章通常由若干条金色饰带构成，最上面一条饰带往往搭配代表航海技术的一个锚环或者一颗或多颗星星。空军和海军陆战队则会遵循以上体系的其中一种。

总统徽章

总统徽章作为美国总统的私人标记，1880年，由美国第19任总统拉瑟福德·伯查德·海斯设计完成，成为总统办公室的天花板和地毯、总统的私人旗帜、白宫的所有文件、总统座驾，甚至官方宴会所用瓷器的装饰图案。该徽章是美国国徽的一种呈现，主要突出一个左右爪分别抓着象征和平的橄榄枝和代表战争或抵抗的箭矢的白头鹰纹章，外围一圈象征各州的五十颗星星。

教宗冕

自中世纪始就有用圆锥形的三重冠加冕教宗的仪式，直至1963年被废除，它虽然不再是教宗宗座宝器的组成部分，却仍然保留在教宗牧徽和梵蒂冈国徽上。教宗冕顶缀十字架，由三层王冠构成，被分别解读成教宗三重职责的象征，即罗马主教、教会的精神领袖、教会邦国的世俗统治者（如今仅限梵蒂冈城）。它也被认为是三位一体和基督教基本的三美德——信、望、爱的象征。

嘉德勋章

不同国家的骑士团有他们形式各异的标志。在英国，最高的骑士勋章是嘉德勋章（the Garter），1348年，由国王爱德华三世设立。关于这个勋章的来由，有这样一种说法：在一个皇家舞会上，一位夫人的吊袜带（garter）突然滑落下来，惹来男士不怀好意的笑声，令这位夫人非常尴尬。国王立即捡起吊袜带，颇有骑士风度地说了一句法语“Honi soit qui mal y pense”——“心怀邪念者蒙羞”，成功平息了众人的嘲笑。这句话由此成为这枚勋章的格言。

补子

在古代，中国官员身穿绣着纹样的官袍以显示官阶。这种叫作“补子”的方形绣块最初由明朝洪武皇帝于1391年采用，此后得以沿用，直到1912年，随着君主专制的终结而停用。不同等级的官员以各异的吉祥图腾加以标志：一品文官的补子绣仙鹤（如上图所示）——一种代表智慧、长寿、尊贵的极受欢迎的飞禽。一品武将的补子则绣麒麟——一种象征守护的瑞兽。

帽子

帽子可以作为等级、荣誉、成就的标志被授予。选拔进入国家队的体育运动员被赠与一顶体现队伍的象征标志的帽子，“加帽（冠）”被认为是一种极高的荣誉。身处高位的人会佩戴更加正式、庄重的帽子，作为自己身份的象征，比如，枢机主教的鲜红色四角帽和学者在正式场合佩戴的学位帽等。“坚忍之冕”作为权力的标志在英国君主的加冕礼上置于君主身前。

“傻瓜帽”

“傻瓜帽”是一种圆锥形的尖顶帽子，一度被认为可以增强思维能力，它与中世纪神学家邓斯·司各脱大有渊源。在宗教改革期间，他的名字成为过时思想的代名词，“邓斯”（与“傻瓜”谐音）帽因而象征着愚蠢和过时的思想。

主教冠

主教冠是顶端裂开的尖顶法冠，饰有丰富多彩的刺绣图样，通常为一个十字架绣样。它是隐修院院长和包括大主教和红衣主教在内的主教的正式头饰，颇为夺人眼球。圣伯纳德的艺术形象通常可以由放在地上的三顶主教冠进行辨认，这三顶主教冠暗示着他曾三次拒绝一片主教辖区的传说。

自由之帽

（如右图所示）弗里吉亚无边便帽最初由小亚细亚的弗里吉亚古国的自由民戴在头上。后来，这种毡帽被染成代表流血牺牲的红色，在法国大革命期间广为流行，象征争取自由的斗争和君主专制的覆灭。它是法兰西共和国的女性化身“玛丽安”的一个形象特征。

法老的王冠

法老佩戴两种独具风格的王冠以示他作为上埃及和下埃及“两地之主”的身份。代表上埃及的白冠（hedjet）和代表下埃及的红冠（deshret，如左图所示）既可以单独佩戴，也可以叠加成一个象征整个王国的双冠（pschent）。在某些仪式上，法老会戴上象征奥西里斯的羽毛王冠（atef）或者蓝色与金色相间的“战争王冠”（khepresh）。他通常也会被描绘成佩戴尼美斯头饰（一种蓝色与金色条纹相间的包头巾）的形象。所有这些王冠上都有蛇形标记，它是蛇头高昂的金色眼镜蛇女神的形象，据说可以保护法老，朝敌人的脸上喷射毒液。

乐器

自从动物骨头做成的简单骨笛于数千年前问世以来，材质、形状、乐音各异的乐器就为象征体系提供了丰沛的源泉。刻画在埃及石棺上的欢宴图案说明埃及人相信他们的音乐具有亲昵的能量，在通往来生的路上发挥仪式性的作用。中国的乐器可以按其设计材质（木、石、革等）分为八类，其中多数乐器被认为是模仿自然界的声音，因此，与大自然的力量挂钩。在早期基督教和中世纪的艺术中，乐器是重大事件和人的品质的象征。因而，天使吹奏小号宣布最后审判的开始，也在天堂用竖琴和鲁特琴为被赐福的人弹奏小夜曲；而圣保罗曾打过一个著名的比喻，将没有爱的基督徒比作空洞没有诚意的“鸣的锣、响的钹”（《哥林多前书》）。在文艺复兴时期思想家的眼里，弦乐器的轮廓让人联想到人的体形，从琴肋、琴颈、琴腰这样的术语中可见一斑。

乐器代表的永恒价值在东方世界具有重要的意义。藏传佛教使用的一种手铃象征至高的觉悟，认为它的清脆之音能够穿透万物的空洞。

长笛

横笛或者短笛是小型的长笛，往往配合战鼓声吹奏，旨在使它的高音可以穿过嘈杂的战场传到战士的耳边。印度教克利须那神一贯是演奏长笛的大师，上图描绘的是他吹着长笛与挤奶女工拉达（即他的爱人）共舞的场景。在莫扎特的歌剧《魔笛》中，长笛的演奏具有共济会仪式的象征意义。

铃鼓

铃鼓是一种欢快的打击乐器，用于欢庆的仪式和盛典。在《圣经》中，一般战争胜利后举行的游行都是由女人组成敲击铃鼓的队列在前面领路，铃鼓也出现在埃及的欢宴和通往来世的仪式上。

叉铃

叉铃是一种能发出喀哒喀哒声的乐器，在仪式上演奏以营造欢乐的氛围。它属于埃及司掌爱情、音乐、舞蹈的母亲女神哈索尔。后来，随着哈索尔的崇拜融入伊西斯的崇拜，这种乐器也成为这位女神的一个特征。在古代以色列，它是一种伴舞乐器。

风笛

风笛是欧洲许多地区以及部分欧洲以外区域的民间乐器。在中世纪手稿的页边空白处有时绘有农民吹奏风笛的古怪图景，寓意与修道院、城镇和宫廷的生活相比，乡村社会显得粗劣得多。在现代，风笛成为民族自决的象征，其中以苏格兰人最为著称。

竖琴与里拉琴

里拉琴和它的“近亲”竖琴都属于最古老的乐器，在一块约公元前 2500 年的苏美尔浮雕上就已经出现了里拉琴的形象，且数不胜数的传说印证了它们的能量。根据希腊神话，里拉琴的发明者是赫尔墨斯（墨丘利），他将琴弦拉伸罩在空龟壳上。但是，赫尔墨斯因为偷了阿波罗的牛被迫把这件乐器让给他作为惩罚，而在古典文化中，手持里拉琴的阿波罗（如右图所示）是音乐与艺术的灵感之神。他是九位缪斯（“音乐”一词的词源）的头领。在古典神话中，里拉琴为歌曲伴奏，它的演奏集大成者是俄耳甫斯，他的琴声让冥王听得如痴如醉，答应其从阴间释放俄耳甫斯的妻子欧律狄克。基督有时被描绘成弹奏里拉琴的俄耳甫斯的形象，周边围绕着一群被他的歌声（福音）吸引来的动物（代指基督的追随者们）。

潘神箫

潘神箫（或称西林克斯笛）是希腊神话中牧人吹奏的乐器。该乐器以希腊罗马喜欢恶作剧的自然之神潘的名字命名，是堕落奸猾的象征。潘神曾教唆达佛涅斯——田园诗歌的开创者吹奏潘神箫向仙女克洛伊求爱。文艺复兴时期的名画《牧羊人的崇拜》同样采用田园背景，描绘牧人吹箫给还是婴儿的基督听。一种与它类似的乐器在南美洲安第斯山地区的民间音乐中也非常流行。

小号

小号的传统功能是预告或宣示王族成员的驾临以及吹响战斗开始的号角（尤其是在骑兵冲锋时）。在宗教环境下，它代表神的帮助、胜利和拯救。在《旧约》中，号声宣布神的降临。因此，在以色列人征服迦南时，吹响的号角象征着神也认同了耶利哥城的覆灭（《约书亚记》）。据说，神或天使吹响的号角声预示着最后审判的到来。文艺复兴时期的画家采用小号作为名声的象征。

钹

钹是常用来表现胜利的一对黄铜或青铜乐器，在古时犹太教的仪式中为唱赞美诗的歌者伴奏。然而在基督教中，钹却因代表地狱而被禁用。小巧的指钹（藏铃）在藏传佛教的仪式上占有一席之地。

管风琴

管风琴被称为“乐器女王”，广泛用于教堂中，它的乐音是诠释庄严神性的完美符号。作曲家约翰·塞巴斯蒂安·巴赫在他的多部管风琴演奏作品中注入了神圣的象征意义。“圣安妮”是其中一个例子，它是三重赋格曲，指向三位一体的构成元素。

小提琴

小提琴的弧形琴身肖似女人的身体曲线，这意味着小提琴自古以来就被认为是“女性”的乐器。

缪斯

在希腊神话中，缪斯是追随阿波罗的诸位仙女，也是创造灵感的来源。在艺术中，可以通过不同的乐器辨别她们的身份：欧忒耳佩，司掌音乐和抒情诗，代表乐器双笛或者小号；塔利亚，司掌喜剧和田园诗，代表乐器小提琴；墨尔波墨涅，司掌悲剧，代表乐器号角；忒耳普西科瑞，司掌合唱与舞蹈，代表乐器里拉琴、竖琴或小提琴；埃拉托，司掌抒情诗和爱情诗，代表乐器铃鼓、里拉琴或三角铁；卡利俄佩，司掌史诗，代表乐器小号；波吕许谟尼亚，司掌英雄颂歌，代表乐器：便携式风琴或鲁特琴。

鼓

鼓是一种古老的乐器，广泛用于宗教仪式中。在美洲土著的眼中，鼓象征宇宙（圆形天穹）以及过去、现在、未来不可分割的统一；敲击的鼓声代表人类的脉搏和自然的永恒韵律。战士出征需击鼓壮行，出殡也需击鼓表现队伍缓慢行进的肃穆节奏。西方艺术中的撒旦往往是敲鼓的形象。

号角

以色列人用号角（羊角号）召集以出征或参加宗教仪式。因此，以色列人吹着号角“将耶和华的约柜抬上来”（《历代志上》）。在犹太教堂里，它被用来宣布节日的到来。

建筑

从中世纪的上帝是"宇宙建筑师"的概念到现代的"防火墙""玻璃顶棚"的说法，建筑提供了一系列丰富而奥妙的象征体系。鲜有哪种建筑物能比专为宗教膜拜而修建的寺庙殿宇更具广博的象征意义。世界各个传统的宗教建筑的设计往往旨在唤起宇宙的力量。埃及人建造金字塔和方尖碑反射太阳神的完美光辉，东亚佛教设计逐层递减的宝塔象征灵性的升华。古犹太人的会幕是犹太教的神殿和会堂的前身，同时也是基督教教堂的雏形，象征上帝在人间的居所。会幕类似其他圣所，遵照精确的几何尺寸建造，反映从外部世界穿过帘幕遮蔽的房间，抵达内部圣地或"至圣之所"的灵性升华。

建筑物和建造的行为是共济会的核心符号。它的主要标志之一是象征人类灵性升华且尚未完成的平顶金字塔。在心理学中，房屋和房间象征着可以借由梦境揭示的心理状态。根据卡尔·荣格的理论，梦中的房屋通常是自我的代表，任何在屋内体验到的不适情绪，比如不情愿进入某些房间，都表明某人在现实生活中的压抑情绪。

桥

桥是从一种存在状态过渡到另一种存在状态的普遍标志。某些秘密团体的入会仪式就是由穿过一系列的桥梁构成。伊斯兰教用发丝那么窄的天国之桥喻意进入幸福来生的困难。教皇又被称作"Pontifex Maximus"，这一头衔原本属于罗马的统治者，意为"最伟大的桥梁建筑师"，代表帝王作为大祭司，沟通众神与人类的最高神使的身份。

门

门在字面和象征的意义上都表示隔开外界和内部圣所的门槛。基督被描述成通往救赎的“门户”（《约翰福音》）。门也是炼金术中代表转变的符号。

窗

窗象征对觉悟和智慧的接纳。圆形的窗户代表眼睛和意识，尤其是那些位于塔顶位置的，肖似人脑袋的窗户更是如此。

圆顶

圆顶是代表天穹的普遍符号。清真寺的圆顶源于先知穆罕默德梦见的四根支柱撑起珍珠母圆顶的天国图景。佛教的第一座佛塔，用来供奉佛陀和其他长者的遗物的纪念圣殿，采用方形基座加盖圆顶的造型，象征地与天（圆顶）。

楼梯

通向上层或者下层的楼梯或台阶代表灵魂升华感知神性，或者降至无意识的深渊和神秘学的国度。螺旋形的楼梯象征一个人对诸如上帝或爱这样的恒久原则，由正中的柱子表示的依附。

塔

塔是人类的不智抱负的普遍标志，最著名的当属《创世纪》中描述的巴别塔，建成通天的巴别塔的努力注定以失败告终。塔也是警戒的符号，尤其是在防备即将到来的厄运或审判的宗教意义上。

柱

台柱或圆柱作为至关重要的支撑性结构，是稳定与力量的代表，此外也是维系既定秩序的象征。因此，才会称一个人是“社会的支柱”。埃及的方尖碑（如上图所示）彰显了太阳神拉和“拉神之子”法老的荣耀。诸如罗马帝王的凯旋柱这样的纪念碑具有彰显雄性英勇的显性的象征意义。“海格力斯之柱”是西方经典赋予直布罗陀海峡（位于地中海入口处）的名字。

上帝的居所

罗马世俗社会的廊柱大厅——长方形的公共大厅，是早期众多教堂修建的模本。大厅演变成教堂的正厅（nave，语源拉丁文 navis，意为“船”，象征教堂是承载灵魂的安全无虞的大船），大厅尽头原先罗马法官端坐的地方变成了圣所（祭坛和后殿）。这里设置的圣坛象征上帝的同在，而在主教座堂里，则被替换为主教的宝座。教堂的基本平面图往往呈十字架的造型，从正厅分别向外突出两个叫作耳堂的区域。罩在十字造型上的圆顶是天穹的象征。主厅完全“朝向东方”，圣坛朝向东面太阳升起的方位，寓意复活。教堂的装饰饱含象征意义，教堂的诵经台上往往饰有鹰的形象，是圣约翰和他的福音的标志。

神山

某些印度教寺庙中的圆锥形塔代表了众神的居所、宇宙的神山，譬如中国的冈仁波齐峰或须弥山是多个宗教的神山，它是湿婆的居所，也是世界的中心。

基瓦会堂

圆形或椭圆形的基瓦会堂是霍皮人和普韦布洛人举行仪式的半地下会堂。基瓦会堂的中心位置通常会凹陷下去，标志着第一批人类是从地下世界来到凡间的。

米哈拉布

清真寺最重要的一个特征可能就是米哈拉布（祷告的壁龛）了，它指示麦加的方向，而所有的穆斯林在祈祷时都必须面朝麦加。

白居寺

西藏江孜镇的白居寺又被称作“十万佛塔”，它始建于15世纪，是佛教的宇宙圣图曼荼罗的三维呈现。它的主体采用阶梯式的金字塔结构，以圆形覆盆和圆锥尖顶封顶，象征从俗世到灵性世界的进阶之路以及最终的觉悟。

新耶路撒冷

《圣经·新约》预言将有一座天国之城降临人间，名为“新耶路撒冷”，它将会是基督统御的完美社会（《启示录》）。由此引申，它也可以象征任何彻底的社会改革的幻想。

共济会

共济会被它的成员叫作行会，是一个分支或“会所”遍布全球的清一色男性的兄弟社团。它的活动主要包括信仰某一位神、支持成员、保持正直的品性和良好的私人生活、从事慈善工作这几方面。它根植于中世纪的石匠行会，此行会负责当时最重要的建筑物（大教堂）的建造。那些专业的石匠认为自己近乎在担任上帝的工作，同时也将自己视作推罗王希兰的后继者（根据《圣经·列王纪上》的记载，推罗王希兰率领众人建造和装修了位于耶路撒冷的所罗门圣殿）。

1600 年前后，共济会发源于的英国，它与当时已经存在的石匠行会的准确关系并不明确，但不管怎样，它很快就对来自其他行业的男性开放。共济会的要旨与炼金术相通，不在于躯体的修炼而在于灵性的升华，要将灵魂的原石加工成切割打磨好的琢石，要像古代的石匠修建耶和华的神殿一般，在自己心中建筑一座完美的精神圣殿。修建神殿是共济会的核心比喻。石匠行业的工具，诸如角尺、圆规之类，都是重要的符号（如上图所示）。共济会的成员要经历从学徒到导师的晋升，每个等级的进阶都要举行象征性的仪式，仪式的细节不仅对外人公开，也对更低等级的成员保密。

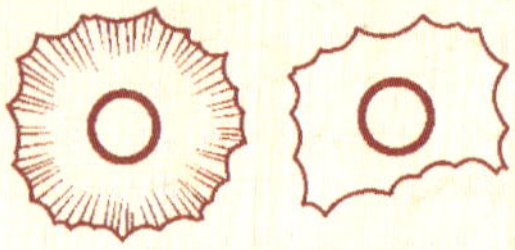

日月

日月如同国际象棋的棋盘，代表宇宙的二元性质：光与暗，积极与消极。在共济会中，日月的循环也具有重要的意义。

无穷结

无穷结是永恒和造物主的象征，同时也寓意连结共济会成员的兄弟情谊的纽带。

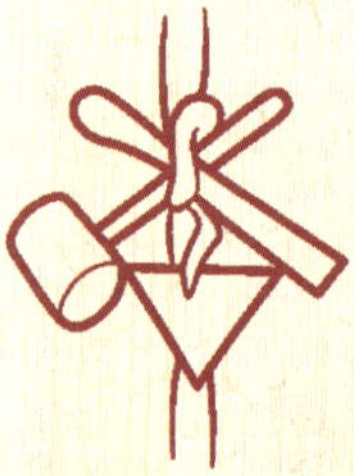

小槌与凿子

小槌（榔头）和凿子是打造灵魂原石的基本工具，原石成为完美的琢石后就可以化作新圣殿的一个部分。

围兜

这是一件翻倒的19世纪法国皮围裙，它表明穿它的人是一位共济会的导师。

角尺与圆规

角尺和圆规象征建立在鉴别力和判断力之上的人生正途。石匠“在角尺范围内”碰面，寓意行事正直。

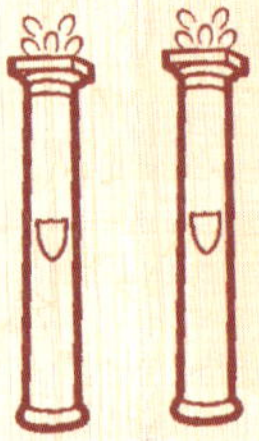

双柱

两根青铜大柱一个叫雅斤一个叫波阿斯，一左一右矗立于所罗门圣殿门廊的两侧。据说它们分别代表雌雄两性。

共济会与美国国父

1733年，美国的第一个共济会会所成立。乔治·华盛顿、本杰明·富兰克林是它的成员，因而很多人猜测，共济会对美国的成立产生了深远的影响。新诞生的美国采用了许多共济会成员非常熟悉的符号。也许我们可以得出这样的结论，即共济会的某些符号完全符合美国建国者们的夙愿，反映了对上帝面前不分你我的手足情谊的追求。最突出的符号之一就出现在美国国徽的背面（如右图所示，印制在1美元的纸币上）。图案显示一座尚未建成的金字塔，塔顶闪耀着目视一切的上帝之眼。在共济会中，这座金字塔寓意建成完美自我和创造“新耶路撒冷”的，一个理想社会的追求。因而国徽上还刻有铭文——Novus Ordo Seclorum，即“旷世新政”。

七阶

七是代表灵性进阶的神秘数字。上面三个台阶象征从学徒、技工到导师的三个等级。

蜂箱

蜂箱、蜂群和围裙一样，都是代表共济会成员理想品质的符号，象征工作和勤劳。

全视之眼

在三角形内放射光芒的全视之眼或上帝之眼，是三位一体、神的智慧、觉悟的象征。

剑与尺

剑代表真理，石匠的尺代表公正的丈量。此处出现的工具还包括三角板和水平仪。

圣殿

共济会的关键理念是建成新的圣殿，它既指理想的自我，也代表新耶路撒冷的中心与和谐公正的完美社会。

神话

神话作为一种理解宇宙和人类状态的尝试，涉及宇宙的起源、消亡、嫉妒与背叛等主题。这些人类想象的果实通常历史悠久，蕴含强大的力量，至今仍是符号体系的一个丰富的来源。

创世
洪水
献祭
基督教
死亡与来生
古埃及
追求
赫拉克勒斯的功绩
时间尽头

创世

宇宙形成之谜是多数创世神话描述的中心内容。其主题多半是一片原始的水域或幽暗的虚空，蕴含着一切存在的潜能，而宇宙巨人的形象往往是被人格化了的自然力量。

二元性

在众多创世神话中，时间的起点是由一生二、从混沌中显现秩序的过程。这就解释了原始的二元存在：雄与雌、光与影、天与地。因此，在毛利人的神话中，最初的原始存在发生分裂，成了天父（朗吉）和地母（帕帕）。

二元性

宇宙循环

原初的能量是不可操控的力量，兼具创造和毁灭的特性。由此，拓展成为宇宙的循环本质。世界处于诞生、终结、再生的永久循环之中。藏传佛教将这种永无止境的循环描述成“生命之轮”。

宇宙循环

宇宙蛇

蛇在众多古代文化中被认为是雌雄同体的生物，因而成为自我创造的神祇的普遍标志。它是原始的汪洋，众生皆由它出，也终归于它。它是原生的自然，是让大地产生力量的驱动精神。所有生命和他们的繁衍，都应归功于宇宙蛇。一条盘绕的蛇是潜在力量的符号。在埃及，名叫阿匹卜的蛇象征太古的混沌。它活在冥界，必须每夜将其毁灭，第二天白昼的秩序才得以正常。

宇宙蛇

搅海

印度教神话描绘了诸天神和次等的神明连根拔起曼陀罗（Mandara）圣山，将宇宙蛇婆苏吉缠绕在山体上，然后向相反的方向拉扯蛇的头尾搅动原始汪洋。此举创造了日月，也创造了宇宙中的其他事物，并最终生成了“不死甘露”。

宇宙蛋

在西非、埃及、印度、中国、大洋洲等这些地区都出现了一个惊人的观念，即认为创世的起源是自无形的空洞中孕育出的一颗宇宙蛋。这颗蛋包含创世的所有内容，蛋壳一旦破碎，创世的进程随即启动。某些文化声称这颗蛋属于某一条巨蛇；其他文化则宣称是一只巨鸟将蛋产在原初的汪洋上。这两个版本在埃及阿蒙神的神话中皆有出现。一种说蛇神是原初水域上的第一个存在，它在水里令蛋受精，另一种说阿蒙化成一只鹅生下一只创造所有生命的蛋。在马里的多贡人那里，创世神阿玛掀起的波动振裂了宇宙蛋，给神界带来混乱和秩序。在中国的传统神话中，宇宙蛋包裹着盘古。

创世纪

在《圣经》中，创世不是诸神冲突的结果，而是上帝费时六天有序推进的成果。第一天，上帝使光与暗分离；第二天，上帝将空气中上下的水分开。剩余的创造在接下来的四天里进行，最后造人圆满收官。这种叙述吸收了古代中东地区的神话传说，它的主旨不在于提供宇宙形成的科学解释，而是颂扬上帝的伟大与威严。

盘古

在中国神话中，万物的始祖神是巨人盘古，他在一颗宇宙蛋内生长了18000年才破壳而出，将蛋一分为二：光（阳），代表天空；暗（阴），代表大地。又过了18000年，盘古倒地死去，他躯体的各个部分转变成天空和地上的事物：盘古的双眼化作太阳和月亮，发须化作星辰，气息化作风云，声音化作雷响。

努恩

在埃及神话中，根据某些版本的描述，当一块土丘从一片混沌的水域（努恩）中升起，时间和创世便由此开始了。以金字塔形呈现的土丘为太阳神的化身——贝努鸟提供了栖息之地，寓意世界的黎明。贝努鸟通常被描绘成一只灰鹭的形象。

水龙

巴比伦早期创世史诗描绘的原始权力斗争对古代中东地区产生了深远的影响。其中，原始的智慧汪洋和盲目的混乱势力都化身为一条叫作提亚马特的雌龙。众神之首马杜克斩杀了提亚马特，将她的躯体切作两半，一半化作天空，一半变成大地。

巨蛇

蛇是创世的核心力量，这一概念在非洲神话中具有举足轻重的作用。贝宁的丰族人将雌雄同体的神灵“玛巫丽莎”的创造力描绘成一条游动的巨蟒，名叫“达-埃多-维多”。这股力量游走于彩虹和所有的水域，环箍大地使之自成一体。

梦创时代

澳洲的土著神话中有一个叫作梦创时代的原始时期，那时英雄的始祖们化作人类和动物的形象跨越整个大洲，创造了不同的地形、地貌，制定了人类生存的法典。梦创时代也代表一种可以在当下通过仪式企及的存在状态。仪式的参与者们相信他们可以暂时变成他们的祖先，通过回忆原始的大事件和敲击与祖先有关联的圣地汲取祖先的力量。死亡的命运一般被解释为人类错行的后果。人类的祖先原本有机会享受永生，但他们却不可能从不犯错。

伊米尔

北欧神话将传世的原初力量比拟成一位叫作伊米尔的巨人。创世的血腥与暴力体现在对这位巨人的肢解上，与中国神话中的盘古和印度神话中的原始巨人普鲁沙如出一辙。在北欧神话中，伊米尔的躯体化作陆地，头骨化为天空，血液化为海洋。

巨人的战争

涉及原始巨人的宇宙战争有时被解读为推动社会进步的力量与推崇无政府的破坏力量之间的较量。希腊神话讲述了以宙斯为首的奥林匹斯山众神与巨人和泰坦族对抗，争夺统治权的故事。

奥梅特奎特利

在阿兹特克人眼里，奥梅特奎特利是自我创造、雌雄同体的宇宙原始存在。从这一存在诞生出其他所有的神明。

普鲁沙

在印度教传统中，原始巨人普鲁沙献祭的躯体是宇宙、诸神、众生的来源。对印度教教徒而言，要想维持宇宙运转，就必须不断举行祭祀仪式，再现巨人为宇宙献祭的情景。

潜水造陆者

美洲土著的神话叙述了第一块陆地如何被一只水生生物从原始海洋的洋底带上来的故事。在夏安族的神话中，神明玛西欧(“万灵”）创造了大海和所有的飞禽及水生生物。但是鸟类厌倦了这样的生活，轮流潜水寻找陆地。最后是蹼鸡带上来一小块长在玛西欧手里的泥土。很快只剩海龟祖母拥有足够的耐力驮着这一块泥土，任它一点点地长成一片干燥的陆地。

天海与地海

在伊斯兰教的创世神话中，原初的一片汪洋分为高低两处水域：滋味甘甜的天上的淡水海与入口苦涩的地上的咸水海。

洪水

席卷整个人类的灾难性洪水是众多民族神话传说的普遍主题。洪水通常是神降下的对人类错误行为的惩罚。这一事件通常也是一个破旧立新的过程：无论起因为何，洪水更多地象征崭新的开始而非终结。一个焕然一新的、更加睿智的人类社会的建立以及神与人类重新订立的契约。

最著名的有关洪水的故事恐怕要属《圣经》中诺亚的奇遇了，诺亚因为富有德行而得到上帝的预警，建造了一艘船（方舟）在洪水中幸免于难，他和家人还在船上雌雄成对地饲养了将来要在陆地上重新繁衍生息的动物。这种一个人或一对夫妻在宇宙洪流中逃生的主题可以追溯到古美索不达米亚神话中，同时，也能在其他文化中找到类似的情节。希腊人讲述众神发动洪水淹没世界，唯有杜卡利翁和妻子皮拉活下来的故事。在印度教神话中，人类的始祖摩奴也是通过建造一艘大船在洪水中死里逃生。通常而言，被神选中的那位幸存者本身就是一位半神，又或是像诺亚一般有大德行的人。

诺亚方舟

这幅图画描绘了《古兰经》描写的先知努哈（诺亚）在他所造的船中的场景。然而在《创世纪》中，这艘船的外观呈长方形，让人联想到《吉尔伽美什史诗》中的乌特纳比西丁方舟。它受到神的保护，象征整个宇宙，而不是实质中的船。

杜卡利翁与皮拉

在希腊神话中，泰坦巨人普罗米修斯向他的儿子杜卡利翁预警洪水的到来。杜卡利翁与妻子皮拉合力建造了一艘船得以逃生。洪水过后，德尔斐的神谕让二人往身后扔地母盖亚的骨头。“骨头”即石头，杜卡利翁扔的石头变成了男人，皮拉扔的石头变成了女人，这种人类自我繁衍的方式象征了人类的自治。

摩奴

在印度教神话中，人类的始祖摩奴拯救了一条金鱼，这条鱼长得硕大无朋，被摩奴放归大海。后来这条名叫摩蹉的鱼警诫摩奴洪水即将泛滥，吩咐他建造一艘船并装上一切事物的种子。果然，洪水来临，摩蹉把船拉到安全的地域。原来，这条鱼是神明毗湿奴的第一个化身，每逢世界处于危险中，毗湿奴就会现身预言。

五个太阳纪

根据阿兹特克人的宇宙观，世界经历了由五个不同的太阳为代表的五个纪元（太阳纪）。诸神之间的对抗引发了天界战争，使旧纪元走向毁灭的终结，并拉开新纪元的序幕。人类目前处在第五太阳纪，而第四太阳纪则因一场大洪水而终结，生活在第四太阳纪的人类都在大洪水中变成了鱼。

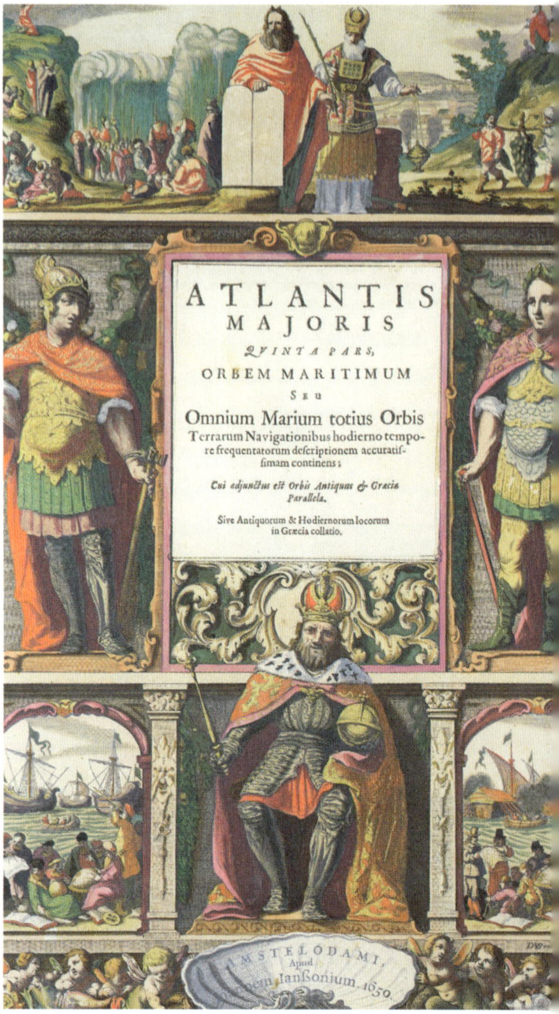

葫芦兄妹

根据中国南部苗族和瑶族的神话传说，雷神引来一场毁灭人类的洪水，只有一对兄妹藏身在葫芦内得以幸存。后来，他们在陆地上繁衍后代。这个神话吸收了葫芦因多籽而具有的繁殖象征的意义。

亚特兰蒂斯

希腊哲人柏拉图笔下的亚特兰蒂斯大陆是位于海格力斯之柱（直布罗陀海峡）附近的一个兴旺的岛国，却在一个日夜之间被海水覆灭。亚特兰蒂斯的故事被柏拉图用来比喻我们生活的世界的转瞬即逝和不确定性。这个神话国度的原型可能是在火山爆发中毁灭的位于地中海的锡拉岛。后来，就如弗朗西斯·培根在《新亚特兰蒂斯》中所描绘的那样，亚特兰蒂斯成了失落的乌托邦或理想、仁爱社会的象征。

巴比伦洪水

古代美索不达米亚的洪水神话早于《圣经》对诺亚的描述，反映了幼发拉底河和底格里斯河无法预测的洪水泛滥。这些神话版本在大体框架上与《圣经》中的故事惊人地相似，主要的不同在于《圣经》中的一神变成了美索不达米亚的多神。每个版本描述的故事都颇相似，上天对人类不满，想要把人类灭绝，最终却因为某一个人的美德和虔诚的信仰而决定再给人类一次机会。苏美尔人的朱苏德拉的故事最为古老，但是残缺不全。乌特纳比西丁的故事记载在最古老的文学作品之一——《吉尔伽美什史诗》中。

故事情节最完整的要属阿特拉哈西斯的传说。人类被创造出来服侍神明，结果众神不堪人类噪音的烦扰，于是恩利尔降下几场灾难毁灭人类，终极的灾难就是洪水。智慧之神恩基向虔诚的国王阿特拉哈西斯预警，国王建造了一艘船载着他和家人以及各种动物在洪水里逃生。其他神明少了人类的劳作无法支应，七天之后洪水退去，阿特拉哈西斯像诺亚一样向天庭献祭。恩利尔同意不再摧毁人类，只是要限制人口的数量，而阿特拉哈里斯则因他的虔信被赐予永生，跻身众神之列。

智者芬坦

爱尔兰的神话以独特的凯尔特风格改造了《圣经》的洪水故事，引入了魔法变形的元素。据说在盖尔族到来之前，爱尔兰共有五波早期定居的居民。第一波的首领是诺亚的儿子比斯之女——塞瑟，她在洪水到来前的四十天来到爱尔兰。这场洪水扫除了塞瑟所有的族人，而芬坦·马克·柏赫拉则化身为一只动物存活了下来。他以鲑鱼、鹰、隼的化身生活了5500年，最后化形为人，向之后的人类讲述洪水时期发生的所有事情。

献祭

将某个拥有至高价值的事物献给神明以表达服从、悔悟和爱的观念在众多神话中都占有一席之地。一般来说，祭品的价值越高，神的回馈就越丰厚，献祭独生的儿子或者女儿是普遍出现的主题。在基督教传统中，最经典的例子莫过于基督作为献祭上帝的羔羊的概念。将某物作为礼物献给诸神或上帝的行为也是一个使它变得圣洁的过程——“使……圣洁”正是“献祭”（sacrifice）的字面意义，更是一个脱离世俗生活的过程。在犹太教的《圣经》中，诺亚在洪水退去后做燔祭（意为“烤全牲”），让上帝闻到了食物的馨香之气。

古代社会会详细制定献祭的仪式体系，这说明人类对自身在宇宙中所处的位置并不十分明确，总是在疏远神灵与亲近神灵之间摇摆不定。与此同时，献祭的行为也体现了神圣的“相异性”，将祭品与献祭者结合为宇宙的统一体。

替罪羊

古代有数个传统会选择一个祭品替代国王献祭以安抚众神。根据希伯来人的传统，在认罪之后，一个群体的罪恶就会象征性地转移到一只“替罪羊”身上，人们会任由这只羊逃入荒漠，自行存亡。这个传统后来被仪式化，成为犹太教纪念赎罪日的典礼。

亚伯拉罕与以撒

在《创世纪》中，上帝为了考验亚伯拉罕的信心，要求他献祭自己的独生子以撒。一位天使在最后关头现身，向他指示了一只缠在荆棘灌木丛中无法脱身的公羊，他便用这只公羊代为献祭。这一情节象征对上帝的无私奉献，基督徒将它解读为基督受难献身的前兆，在此之后，基督复活。

阿兹特克人的献祭

阿兹特克人相信，要保障世界的运转，就必须定期向太阳神献祭大量的人类，因为他们每天日落时分都看到太阳呈现出“浴血”的鲜红色。献祭要进行繁复的仪式，活人祭品会在洗浴一番后被带上太阳神殿的顶层，祭司用一把锋利的燧石刀，挖出他仍在跳动的心脏，尸体则被肢解。

娑提

印度历史上有一个叫作娑提的习俗，新丧的寡妇有时会被强迫随亡夫一起被露天火化，如今这一习俗已被法律禁止。此种殉葬的举动象征娑提女神的忠贞，她在父亲羞辱她的丈夫湿婆后自焚殉夫。这种寡妇应该殉葬到来世服侍丈夫的观念在埃及、希腊、斯基泰也广为人知，但一般不会作为惯例执行。

伊菲革涅亚

无情的野心甚至可以凌驾于父爱，这是隐藏在阿伽门农献祭伊菲革涅亚的神话背后的隐喻。这位率领希腊军团攻打特洛伊的首领与众神达成血的交易，将他最美丽的女儿送上献祭石，以换取战舰顺利出征的风向。在另一个版本的故事中，伊菲革涅亚被狩猎女神阿尔忒弥斯所救，成了她的女祭司。

羔羊基督

在《新约》中，基督为赎罪而死。他被描述成上帝的羔羊，带走世间的罪恶(《约翰福音》)，与犹太教在逾越节宰小羊献祭的观念一脉相承。据说，基督的鲜血可以清除人类自亚当忤逆上帝以来便确立的原罪。他的鲜血以圣餐或圣体（基督教的基本仪式）的葡萄酒代表。基督徒们喝下圣餐的葡萄酒，相信自己成为基督（“真正的葡萄树”）带来的救赎和未来的复活永生的一部分。因此，在基督教艺术中，葡萄象征永生与复活。在中世纪的欧洲，鹈鹕被误传以胸口的鲜血哺喂幼鸟，这种鸟于是成为基督献身的另一个符号。

马祭

爱尔兰的古代君王在开始他们的统治时，都会用献祭的马肉煮成的肉汤进行仪式性的沐浴。此举具有为国王注入马的力量、速度和精气的象征意义。

密特拉

密特拉是波斯的战争、正义、太阳之神。在罗马帝国时期，他成了一个叫密特拉教的秘密宗教的崇拜偶像，该宗教的核心是献祭公牛，并认为这具有再造和赋予永生的功效，因此，对在战争中可能面临死亡的罗马战士颇具吸引力。卡尔·荣格的追随者们从杀牛的举动中解读出了人类灵性战胜兽性的象征意义。

泰山

五岳对应了四个基本方位以及神秘的中间方位，是中国受到推崇的“圣山”。“圣山”之首属泰山，帝王在山上举行祭天仪式。此山与日出、诞生与重生有关。

占卜师奥丁

奥丁是北欧众神之王，与陨落的英雄一起住在瓦尔哈拉神殿。他牺牲了自己的一只眼睛，获得了有关卢恩(用于占卜的神秘符号）的秘密知识。战争中抓到的俘虏会被献祭给奥丁，而奥丁的祭司们则以此来占卜未来战事的胜负。

基督教

基督教拥有众多教派，但多数都信奉上帝是三位一体（“三合一”）的神明，由三个“位格”构成：圣父、圣子、圣灵。圣子——拿撒勒人耶稣是上帝的肉身显现，他因圣灵使童贞玛利亚受孕而降生。他身上兼具完全的神性和人性，在基督徒眼里，他就是弥赛亚，人类的救世主，他的降世是人类历史的大事件。耶稣死在十字架上，但基督徒相信他的肉身会死后复活，通过他所有虔信的人都将在时间尽头复活得到永生。

基督教艺术和艺术家们在两千多年的历史长河中运用并创造了浩瀚的符号系统。基督教的核心符号是十字架，它衍生出多种形式，代表基督自己、他救赎的献身以及他对所有信徒许下的复活永生的诺言。然而，直到公元 4 世纪初，罗马帝国废除钉死在十字架上的刑罚后，十字架才成为广泛使用的符号。在此之前，众多基督徒不情愿将基督与此种羞耻的刑罚（通常针对的强盗、叛贼、罪犯之徒）联系起来。确实，异教徒有时会借十字架嘲笑基督徒的主作为普通重罪犯的身份。随着人们对此种刑罚的记忆逐渐淡薄，十字架的使用才得以普及。

基督教最早期的符号包括代表基督的字母符号和鱼的意象——寓意基督是“渔人的渔夫”，而他的信徒则是鱼或小鱼们。基督也被描绘成逾越节被牺牲的“上帝的羔羊”和他的羊群的“好牧人”。

葡萄树

葡萄树是基督教象征灵性和躯体复活的普遍标志。基督曾说“我是真葡萄树”（《约翰福音》），他从死里复活，“成为睡了之人初熟的果子”（《哥林多前书》）。基督（和当时的教会）是葡萄藤，真正的信徒是枝蔓。信徒在圣餐典礼上喝葡萄酒是“基督的鲜血”。一串葡萄也成为应许之地的象征。

彼得的钥匙

基督教的圣徒往往都有具体的符号区分身份。彼得身携基督赐予他的“天国的钥匙”（《马太福音》），确认了他的“宗徒之长”的地位。十字交叉的钥匙是教皇职位的标志，彼得被罗马天主教追加为第一任教皇。未交叉的“钥匙之职”代表基督赋予的免除悔悟之人罪责的权威。

灵光

在基督教艺术中，圣人普遍以头部发散出去灵光或光轮的光环表示。基督徒采纳了对希腊罗马的统治者和诸神的描述中的灵光。最初，它主要是权力的象征，因此一开始（约公元 400 年始），仅限于描绘三位一体（圣父、圣子、圣灵）和天使。之后，它逐渐演变为代表神圣的普遍符号，适用对象相应地拓展到圣徒。基督，有时也包括圣父和圣灵，也许会拥有包含十字架的特殊灵光。上帝拥有表示三位一体的三角形的灵光。此外，如果灵光笼罩人物全身，它也被称作光轮（aureole）。光轮是代表基督（如左图所示）和圣母玛利亚的特殊符号，一般以一种杏仁状的名叫 mandorla 的图案出现。

鹈鹕

鹈鹕作为中世纪的通用符号，象征基督的自我牺牲的神性的爱，它通常被称作哺雏的鹈鹕，选择牺牲自己使幼崽存活。

献祭之杯

这只高脚杯是基督教的圣餐仪式（神交圣礼）使用的葡萄酒杯，承载“基督的鲜血”。酒杯上方是圣餐的面饼，即“基督的圣体”。

上帝之手

从空中显现的这只手是圣父的标志。阿尔法（A）和欧米伽（Ω）分别是希腊字母表的起始和终结字母，寓意上帝是万物的初和终(《启示录》)。

胜利之冠

胜利之冠象征神权和基督战胜死亡的胜利，王冠的两侧分别是基督受难（他蒙受的痛苦以死在十字架上而告终）时的刑具——钉子和鞭子。

字母符号

字母 X（chi=kh）和 P（rho=r）是基督的希腊名的首字母。这个字母组合的图形是基督教早期的一个普遍符号。

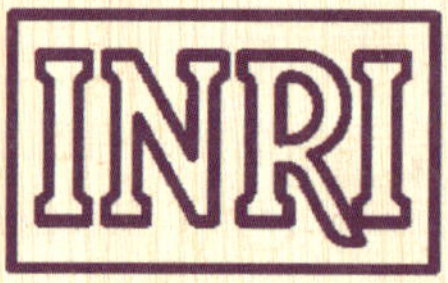

头衔

字母组合 INRI 是 Iesus Nazarenus Rex Iudaeorum（拿撒勒人基督，犹太人之王）的缩写。这一头衔置于十字架上原本意在嘲讽，但在基督徒看来却是真理。

A Ω
INRI

死亡与来生

多数文化都采用丰富的符号语言表达他们对死亡和死后世界的想法。在众多文化中，亡灵通常会去往位于天穹之上或者大洋彼岸的天堂；天堂也可以是一个更为隐蔽的所在，一个存在却无法被看到的地域，能让亡灵生活的某种平行世界里，表现为一种理想的尘世，譬如一座美丽的花园，在那里花朵绽放，散发着令人心醉神迷的芳香气息，同时还是“鸟儿们的天堂”。比如，“杜阿特”就是一个属于古埃及亡者的完美埃及，它有一条象征尼罗河的大河，河的两岸是一望无垠的庄稼地。圣地是封闭空间的观念也体现在天堂是被施了魔法的岛屿和终极避难所的理念上，如爱尔兰的绿岛、阿波罗的幸福岛、亚瑟王传奇的阿瓦隆、中国神仙居住的东方岛屿。天堂有时也是精英的避难所，比如，北欧最英勇的武士的聚集地（瓦尔哈拉神殿）以及古典神话中英雄的安息地（至福乐土）。

有一种观念普遍流传，即人类曾生活在一个圆满美好的世界里，并一度对其习以为常，结果因为犯了错被神罚到世间体验不完美的生活。因此，来世在天堂的幸福生活，就是对现世艰辛的补偿。心理上也有相应的补偿，亡灵与生者不同，都会得到公正的审判。被定罪的人要下地狱，据说那是充满恐怖的阴间，有恶魔似的野兽和无穷无尽的折磨手段。对那些有美德的人而言，天堂则洋溢着和谐的氛围和光亮，在那里人们可以体验永恒的满足，还可以与祖先相聚。

死神收割者

死神收割者是拟人化的死亡，形象为一个戴着兜帽的骷髅，手持镰刀无情地收割灵魂。他虽凶险，却不一定邪恶，因为死亡是不可规避的，不可把他视作死亡的缘由。在艺术中，死神收割者是 memento mori，提醒人们谨记终有一死。

塔纳托斯

希腊神话的死神是黑夜女神的儿子、睡神修普诺斯的孪生兄弟。他被描绘成生有双翼的少年的形象，因为死亡（死神）总是处于活力充沛的状态。塔纳托斯手持宝剑，公元前8世纪，他是作家赫西俄德所描绘的“如青铜一般无情”的人的标志。

瓦尔哈拉

在北欧神话中，瓦尔哈拉位于阿斯嘉德，是奥丁的宴厅、阵亡战士的家园、众神的居所。注定魂归瓦尔哈拉的英灵都是由女神瓦尔基里在战场上挑选出来的。英雄们住在盾牌砌成的墙壁和矛枪铸成的屋顶之内，每天都会互相对战，等待诸神的黄昏，时间尽头的大战的到来。

哈迪斯

哈迪斯的字面意思是“不可见的”，是希腊神话中冥王及其冥府的名字。冥府阴冷凄凉，乃恶魔充斥之地，从心理分析的角度出发是精神压抑的缩影。冥府由三头犬刻耳柏洛斯把守，灵魂一旦进去就很难出来，只有少数人物例外，如珀耳塞福涅、俄耳甫斯等。将新丧的灵魂摆渡过冥河抵达冥府，象征灵魂离开肉身进入新的存在状态。

亡灵节

亡灵节是与天主教的万圣节和万灵节（11月1日、2日）相关的墨西哥节日，人们在这一天纪念逝去的亲友。人们会为墓地装点上金盏花、糖头骨，摆出逝者生前最爱的食物、饮料，他们相信离世的灵魂会在这一天回来与生者相聚。这种仪式至少可以追溯到阿兹特克时期。

厄琉西斯秘密仪式

在希腊的厄琉西斯，人们会秘密举行仪式以纪念谷物女神和丰饶女神德墨忒尔。新加入的成员参加诸如海水沐浴、游行、宗教剧表演之类的活动，以求获得幸福的来生。德墨忒尔是天空之神宙斯与冥界之神哈迪斯的姐妹，象征自然元素之间的相互关系。

至福乐土

至福乐土是希腊神话中隶属冥界的地域，是陨落的英雄（如特洛伊战争的希腊英雄阿喀琉斯、埃涅阿斯的父亲——特洛伊英雄安喀塞斯）的避难所。某些尚健在的凡人也获准造访这片乐土。在维吉尔的《埃涅阿斯纪》中，埃涅阿斯进入这里，从父亲那里了解到宇宙的运行规律。

我也曾在阿卡迪亚生活过

对幸福年岁、尤其无忧无虑的青春岁月的怀旧向往逐渐凝练为一句拉丁文——Et in Arcadia ego，通常翻译为“我也曾在阿卡迪亚生活过”，阿卡迪亚（古希腊和古罗马田园诗中描绘的“世外桃源”，位于希腊伯罗奔尼撒半岛）代表遗失的田园乐土。但是在 17 世纪的意大利，当这个说法被缔造出来时，还具有更深一层的意义。更准确的翻译应是：“即使在阿卡迪亚也有我。”这里的“我”指的是死神，因此，这个说法也成为 memento mori 的表示，以提醒人们青春、美丽、幸福都不长久。它是尼古拉·普桑（1594–1665）的两幅名画的标题，画作描绘的是几位纯朴的牧羊人在辨认一块古老墓碑上的铭文的情景。

塔尔塔罗斯

塔尔塔罗斯是希腊神话中的地狱深渊，是比冥界更糟糕的所在。那里是如西西弗斯一类最邪恶的灵魂遭受永世折磨的地方。塔尔塔罗斯被描绘成一个铜墙铜门拱卫的内室，位置深不可测，从天堂扔下的一块铁砧需要花上九天的时间才能落到那里。

奥西里斯与荷鲁斯

在埃及神话中，神明奥西里斯是首位法老，却被对手混乱之神赛特谋害分尸。在奥西里斯的妻子伊西斯的授意下，神明阿努比斯将他的躯体重新组装并进行防腐处理，将奥西里斯制成了世上第一具木乃伊。伊西斯运用法术让奥西里斯复活，他使伊西斯怀上荷鲁斯后再次死去，后来由荷鲁斯推翻了赛特的统治。奥西里斯成为冥界之王、亡灵判官、丰饶之神。每位过世的法老都被视作奥西里斯，而每位健在的法老则被视作他的儿子荷鲁斯的化身。两位神明的统治并行不悖，一个是人间之主，一个是冥界之王，象征稳定与永恒的秩序。

净土

日本最大的佛教宗派叫作“净土宗”，这个名字来源于名为“阿弥陀佛极乐净土”的西方天国。净土宗发源于中国，在越南也有信众，很受穷人的欢迎，因为他们没有什么时间进行觉悟必须的深度冥想。该宗派主要信仰是只要虔诚地称念佛名，就有可能往生于净土。一旦他们来到阿弥陀佛的和平、富足的极乐世界，弥陀的信徒们就能唤醒自身的“佛性”获得涅槃，从重生的无尽轮回中解脱出来。

伊南娜下冥界

伊南娜（巴比伦神话的伊丝塔）是苏美尔神话中的性爱和丰饶女神，是金星的化身。有关她的神话描述了她落入冥界被杀害然后又复活回到人间的故事。她的经历与希腊神话中落入冥界后，被允许每年回到人间度过一段时间的珀耳塞福涅相似，寓意寒冬植被的消亡和春天生命的重生。此外，更加广泛的寓意是来世重生的希望。

埃及的来生

古埃及人对来生形成各种概念，这些概念可以视作互为补充的整体。灵魂可以上升化为永恒的星辰之一，或者与太阳神拉一起乘坐万年之船（太阳舟）日复一日地穿过白昼的天空和夜晚的冥界，也能直接坠入冥界受冥王奥西里斯的审判。亡灵的心脏被放在天平的一端与另一端的玛特（真理和正义）的羽毛对比称重。天平如果保持平衡，灵魂就会被赐福进入杜阿特，那里是近似理想埃及的天堂（如右图所示）。但是，倘使心脏罪孽太重使天平倾斜，它就会被地狱的化身——怪物阿米特吞食。这种灵魂的灭绝也许是最悲惨的命运。

被赐福的灵魂会化成巴（巴是一种长着人头的鸟）的形象，在杜阿特和人世之间飞来飞去。杜阿特具体位置不明，可能在冥界也可能在夜空中，居住着众多神奇的生物，譬如沙伯替——随死者陪葬的木乃伊人俑，人们相信他们会复活继续服侍主人。这里也住着恶兽巨蛇阿匹卜。每天夜里当太阳神乘坐太阳舟穿过杜阿特时，都会遭到阿匹卜意图毁灭的攻击，但都被凶猛的神明赛特斩杀，使宇宙秩序归位，太阳重新升起。

海盗旗

“Roger”（罗杰）是称呼盗贼的俚语，而“Jolly Roger”（快乐的罗杰）一词则被用来称呼 17 至 18 世纪的海盗所用的五花八门的非法旗帜。这些旗帜意在不战而屈人之兵：某些旗帜的颜色是代表死亡（抵抗者即死路一条）的纯黑色，其余是惯用的表示挑衅的红色。最著名的旗帜是在黑色的底子上绘了一颗白色的骷髅头和两根交叉的骨头，成为流传甚久的“海盗旗”。

寂静之塔

琐罗亚斯德教是伊朗在伊斯兰教诞生之前的宗教，该教的教徒不会土葬或火葬逝者，他们相信土、火、水三种元素务必要保持洁净。因此，逝者的尸体自古以来就有被暴露在圆形的石头建筑的顶端供飞禽啄食的传统。

蓬莱

在道教传说中，神仙居住在中国东部海域的一座叫作蓬莱的富有传奇色彩的岛屿上。该岛代表一种极乐的境界，传说中能使人长生不老的灵芝生就长在那里。中国将东方与永生联系起来，这源于东代表春天的认知，而春天是重生和蓬勃生长的季节。

阿耆尼

对于印度教的信徒而言，若想在死后让灵魂得到解放，火葬必不可少。人们相信，当尸体被焚烧时，火神阿耆尼会带着灵魂去往天上的某个安乐所在，灵魂将在那里转世重生。

凯尔特人的冥世

凯尔特人的冥世是受祝福逝者的家园，那里宴饮不歇，笑语不断，青春永驻，一如爱尔兰的 Tir na n'Og（青春乐园）。在亚瑟王传奇中，阿瓦隆是收容垂死的亚瑟王的神秘天堂。12 世纪，蒙茅斯的杰弗里在他的作品《亚瑟王传奇》中，称呼阿瓦隆为“苹果岛”；苹果树在凯尔特神话中是生长在冥世的树木，结出的苹果具有神奇的、能够维持生命的特效。

第七重天

伊斯兰教对天国有详尽细致的描述：天国有八扇大门，有一百层台阶通过七个阶层即七重天。每一重天都居住着宗教历史上的不同人物，但是最高层的第七重天却为真主、最高等级的天使以及穆罕默德预留的。卡巴拉教也遵循类似的七重天的体系，它的根据是古代地中海地区的宇宙学说。

生命之轮

在佛教中，生命之轮代表轮回——出生、死亡、重生的永恒循环。它描绘了人重生可能进入的包括畜生道、天道在内的六个国度。人道为至上道，提供了通过修习佛法（佛陀的教义）摆脱轮回的机会。

古埃及

古埃及人使用独特的象征方式进行交流。出现在建筑、纪念碑、日常物品上的图案不仅具有装饰性，还传达了支撑社会的观念与信仰。比如，作为埃及人的守护者，法老（国王）通常被描绘成抬起一只手臂，挥舞权杖击打埃及敌人的形象。这个王室的形象可以追溯到最早期的王朝及至公元最初的几个世纪，当时统治埃及的罗马帝王也被描绘成披挂全副传统象征符号的法老形象。

建筑或物件的外形有时也具有象征的功能。吉萨大金字塔就是生命起源的原始土丘的象征，埃及神殿的内殿圣所光线昏暗，里面突起的平台具有相同的寓意，上面矗立着神祇的偶像。

没有什么能比埃及的文字更淋漓尽致地表现出埃及人对符号交流的偏爱。象形文字的字面意思正是“神圣的雕刻”，据说是诸神的文书——长着朱鹮头的透特神（如右上图所示）发明的。象形文字深奥难懂，这是因为它退出使用的舞台不被人理解大概约有 1500 年的历史了。对于这些装饰在神殿、墓穴和废墟中的美妙又精致的符号，后世的埃及访客们无不感到陶醉痴迷。很多人赋予它们神秘甚至具有魔力的象征意义。

事实上，多数象形文字和我们的字母表一样，代表单个发音或发音组合。其余文字是它们所代表的事物程式化的形象，因此，单词“猫头鹰”呈现的正是猫头鹰的形象。此外还有一种类型，表现的是单词在语境中的意义，比如，“回答”一词以一个人抬手到嘴巴位置的手势为结尾，表示这个词意指“言说”。

安卡

“把手十字架”或“生命的钥匙”是代表永生的符号。在罗马帝国时期，安卡符号被科普特人（埃及本土的基督教徒）保留作为基督教十字架的一种形式。

节德柱

节德柱外形像一根柱子，描绘的是抽象化的脊柱，是稳定的象征。稳定被视作男性和王室的品质，尤其与奥西里斯神挂钩。

荷鲁斯之眼

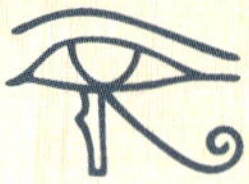

每一位在位的法老都是太阳神荷鲁斯的化身，荷鲁斯之眼是一种通用的护身符。在上页这枚胸饰上，荷鲁斯之眼两边各立着一条圣蛇，共同在太阳舟上。

圣甲虫

圣甲虫代表黎明时分从冥界升起的拥有无限潜能的太阳神，就好像孵化着甲虫虫卵的粪球。

圣蛇

圣蛇或者蛇头高昂的眼镜蛇形象是眼镜蛇女神瓦吉特的象征，她是下埃及的守护神，也是法老的保护神。

太阳与月亮

天空的“两个光源”被视作荷鲁斯的两只眼睛。月亮是他的左眼，因为被混乱之神塞特所伤，光线变得不再那么耀眼。

纸莎草

纸莎草代表下埃及和尼罗河三角洲，那里土地泥泞肥沃，芦苇茂盛。在这枚胸饰的底端，纸莎草与莲花（睡莲）交替出现，后者是上埃及的标志性植物。

埃及众神

太阳神拉和太阳神祇荷鲁斯通常被描绘成展翅高飞的雄鹰或鹰头人身的形象。荷鲁斯的父亲是奥西里斯，他是冥界之王、亡灵与沃土之主。他的皮肤呈绿色或者黑色（绿色和黑色既是死亡的颜色，也代表重生，因为新生的植物是绿色的，而埃及的土壤则是黑色的）。他被描绘成佩戴王冠、手持权杖和连枷（皇室的符号）的法老形象。另一个与死亡和来生相关的神明是阿努比斯。他肤色黝黑，长着一颗胡狼头，而胡狼是一种经常在墓地附近出没的动物。

古代的丰饶女神哈索尔通常被描绘成奶牛或者一位长着一对奶牛耳朵的女人形象。对哈索尔的崇拜与对伊西斯的崇拜合二为一，后者是法老的圣母和保护神。伊西斯的名字意为“王位”，王位因而成为她的标志。雌性河马是凶猛的守护者，河马女神塔沃里特（如上图所示）成为深受家庭喜爱的神明。

奈库贝特

正如眼镜蛇女神瓦吉特是下埃及的守护神，秃鹫女神奈库贝特是上埃及的守护神。与生有鹰翅的圣甲虫一样，奈库贝特的两只爪子也都紧攥着表示“永恒”的象形文字。

追求

作为激发神话想象的兴奋剂，英雄总是在追求着某种或实在或象征性的目标。这种追求往往遵循“踏上一段伟大征程”的形式，途中会遭遇一系列危险甚至看起来不可能完成的挑战，意在考验英雄的勇气、力量、才智和忠诚。一些英雄蒙受神的眷顾，可能会被教授适当的技能为挑战做准备，比如，伊阿宋就得到了人马贤者喀戎在狩猎和战事方面的指点。但是，只有那些内心最为纯粹的人才能成功实现他们的目标。

追求的目标既可以是灵性的觉悟，也可以是永生。如果是后者，英雄往往会遭遇失望，但最终也会接受人类必有一死的现实，正如苏美尔史诗中的英雄吉尔伽美什所经历的那样。英雄在克服摆在面前的障碍的过程中摆脱了精神的负累，收获了某种内在的满足感。从心理学的角度来看，这种追求可以视作生存之迷的寓言，英雄代表与人生的困境搏斗却也不得不学会接受现实个体。

吉尔伽美什史诗

这则苏美尔传说是最古老的有关追求的故事之一，部分内容可以追溯到约公元前 3000 年。吉尔伽美什生来就有三分之二属于神的血统，他踏上追求永生的征程，结果却发现人类为永生付出的努力注定只能是徒劳的。

金羊毛

希腊英雄伊阿宋被赋予了取回科尔喀斯金羊毛的近乎不可能完成的任务，金羊毛本身就是追求的标志。羊毛从一只会飞的公羊身上剪下，公羊成为祭品献给神明宙斯。伊阿宋要想拿到看似不可能得到的羊毛，就必须战胜一条日夜不眠守护着羊毛的龙，这条龙便是黑暗势力的象征。悬挂金羊毛的树象征着生命之树，同时，也象征着神永生的前景。

珀尔修斯

珀尔修斯是希腊神话中的古典英雄，他得到神明雅典娜和赫尔墨斯的保护和赐予的武器。他的弯刀、锃亮的盾牌、飞鞋、头盔，代表神的速度、力量、美德。珀尔修斯将盾牌当镜子使用，割下了象征罪恶的美杜莎的蛇头。

圣杯

亚瑟王的骑士寻求圣杯的事迹是中世纪最著名的传奇故事之一。对圣杯的寻求，本质上是对永生的求索。圣杯本身据说是一只高脚酒杯，亚利马太的约瑟用它收集了耶稣受难时流下的几滴鲜血，他的血液可以赋予人永生。根据英国的传说，约瑟携圣杯回到英国，圣杯之后便不知所踪。找到这件宝物的使命落到了亚瑟和他的圆桌上的骑士们（类似基督的门徒）的身上。

对凯尔特人而言，圣杯象征心脏，是生命的中心。而在基督教中，圣杯也是基督的圣心。圣杯的遗失象征天堂和纯真的遗失以及与基督的分离。因此，对圣杯的寻求就是竭力寻回基督、人类的灵性中心以及灵性的新生。亚瑟王的骑士都是灵性求索的发起者，他们在追寻的路途上必定会遭遇一系列与死亡擦肩而过的挑战。但是只有灵性和道德纯洁的加拉哈德才有幸得见圣杯显圣的一幕。他完成了寻找圣杯的壮举，灵魂得以升入天堂。

奥德赛

荷马史诗《奥德赛》讲述的是奥德修斯（罗马神话中的尤利西斯）在持续十年的特洛伊战争结束后又花费十年的时间返回故土的故事。他是希腊伊塔卡岛国王之子，有“智多星”的美誉，更被塑造成足智多谋和忠贞不渝的品质的化身。他是离乡多年回归故土使一切回到正轨的英雄的原型。二十年后，奥德修斯终于将妻子佩涅洛佩从一直追求她的求婚者们的骚扰中解救出来，证明了自己确实值得妻子的等待，并登上合法继承的王位。佩涅洛佩自身拒绝求婚者的示好，坚信丈夫有一天一定会回来，因而也成为妻子忠贞品德的典范。

布伦丹的航行

圣布伦丹的航行是中世纪欧洲流传甚广的一则故事。故事讲述的是爱尔兰修士布伦丹于公元6世纪出航大西洋寻找天堂般的幸福岛。修士与他的朋友们经历了奇幻的冒险之旅，甚至还靠岸登上过一条大鱼的脊背。有人认为这个故事取材于真实故事，事实上，那位修士抵达了北美洲。

玄奘

大唐高僧玄奘（602–664）曾用十六年的时间长途跋涉到印度朝圣并收集佛教经文。这段真实发生过的著名朝圣之旅是约成书于1582年的小说《西游记》的写作依据。该书是中国文学史上最受欢迎的书籍之一，讲述了玄奘和他神仙出身的同伴遭遇并克服九九八十一难（佛祖为考验玄奘的诚心而设计的劫难）的故事。

埃涅阿斯

维吉尔的《埃涅阿斯纪》描绘的是埃涅阿斯受命运支配、后来成为罗马人祖先的英雄故事。埃涅阿斯与家人从大火中的特洛伊逃离，在地中海上漫游。他爱上了迦太基女王蒂朵，但是命运驱使他将她抛弃并起航驶往意大利。

应许之地

上帝指示以色列人的祖先亚伯拉罕去寻找一处特别的地方供后代繁衍生息，这一指令一直是犹太人信仰的核心。“流着奶和蜜”的应许之地后来成了任何理想社会乌托邦的象征。

忒修斯

忒修斯被他的父亲雅典国王埃勾斯派往克里特执行刺杀人身牛头怪米诺陶洛斯的任务。从心理分析的角度来看，这则摧毁蛰伏在迷宫中心的怪物的神话代表克服我们内心最深处的恐惧和压抑的情感。

幻象求兆

在美洲土著传统中，巫师通过“幻象求兆”抵达神圣的世界。他们进入出神的状态，造访亡灵的圣地，从祖先那里获得治愈的能力，有时也获得给部落的敌人带去疾病的能力。

赫拉克勒斯的功绩

古典神话中最典型的英雄就是赫拉克勒斯，罗马人称他为赫丘利。女神赫拉使他突然发疯杀死自己的全部家人，由此，踏上旅途，创造出最为人称道的功绩。赫拉克勒斯为了赎罪，必须为梯林斯国王欧律斯透斯服役十二年，国王给这位英雄安排了十二件苦差事。

这十二件苦差事按顺序排列，以抵达落日所在的西方为高潮，终结于冥界的入口，这一顺序同时也是一个暗喻，意指从生到死的生命之旅。这些苦差事也象征着人与自身的恶习，还有与内心深处的“怪兽”的抗争。人们将赫拉克勒斯视作一位“太阳”英雄，他的十二件功绩从占星学的角度被解读为太阳穿过黄道十二宫的旅程，涅墨亚巨狮代表狮子座，海德拉与斯廷法罗斯湖的怪鸟（均为水怪）代表巨蟹座，刻律涅亚山的牝鹿代表摩羯座，如此等等，不一而足。

涅墨亚巨狮

涅墨亚巨狮是怪物堤丰和厄喀德娜的后代，它刀枪不入，赫拉克勒斯只能将它勒死。狮子一般象征太阳，赫拉克勒斯成功制服狮子，将狮皮披在身上，寓意对死亡的胜利。

勒拿海德拉

海德拉是盘踞在勒拿沼泽里的多头水蛇，它是不可驯服的天性的象征。赫拉克勒斯砍掉它的一颗头，断头的位置又新长出两颗头，寓意人类无法战胜邪恶。最后，赫拉克勒斯的侄子趁其新头长出来前伺机灼烧水蛇的各个脖子，才助赫拉克勒斯斩杀了妖兽。

刻律涅亚山的牝鹿

赫拉克勒斯必须逮住一只金角铜蹄的牝鹿，但是又不能伤害它，因为它是女神阿尔忒弥斯的圣兽。赫拉克勒斯使它受了轻伤，但让国王欧律斯透斯背了黑锅。从心理学的角度来看，这个情节揭示了一个人哪怕极其小心，他的占有欲也会带来伤害。

厄律曼托斯山的野猪

赫拉克勒斯接到的第四个任务是活捉为害厄律曼托斯山一带的野猪怪。他成功地在厚厚的雪地里抓住了这头野猪，带着它回去复命。但是，国王自己惊惧不已，躲到了一只瓮里，从而暴露了自身胆小的特质。

奥革阿斯的牛棚

赫拉克勒斯必须在一天的时间内将国王奥革阿斯的牛棚里长年累月堆积的牛粪清理干净。他发挥主动性，凭借自身的体力，成功地将两条河流引到牛棚进行清洗。此举象征采用崭新的视角来处理长期令人为难的事情。

斯廷法罗斯湖的怪鸟

英雄赫拉克勒斯必须除去斯廷法罗斯湖中栖息的长着铁爪、铁翼、铁嘴的食人鸟。他敲起铜钹使怪鸟受到惊吓飞出树林，然后再将它们一一射死。斯廷法罗斯湖被认为象征深陷恶（以怪鸟为代表）之潭的停滞的灵魂。

克里特公牛

赫拉克勒斯被派往克里特岛去抓一头喷火的公牛，这头牛据说就是米诺陶洛斯的生父，他掐住牛的咽喉，把它带回希腊。这则故事的渊源是古时希腊对克里特的某次征服，而公牛则是克里特的图腾野兽。

狄俄墨得斯的牝马

英雄赫拉克勒斯前往色雷斯捕捉国王狄俄墨得斯饲养的凶猛的食人牝马群。这位国王落得与弗兰肯斯坦博士和莫罗博士一样的下场，都死在自己试图操控的怪物手中，赫拉克勒斯将狄俄墨得斯扔进马槽，马儿吃了国王就变得温顺，进而被驯服了。

赫拉克勒斯之死

赫拉克勒斯用浸了海德拉的毒血的箭射死了企图强夺他第二任妻子（得伊阿尼拉）的半人马。在临死前，半人马声称自己的血液是爱情的魔药，诱骗得伊阿尼拉将血液涂在赫拉克勒斯的衣服上。但其实半人马的血已经被海德拉的毒血污染，赫拉克勒斯一穿上衣服，便痛苦地死去。他身上一半的神族血统也无法阻挡死亡的降临。但是赫拉克勒斯的结局却无比荣耀，他被带上奥林匹斯山，成了一位完完全全永生的神。

希波吕忒的腰带

欧律斯透斯命令赫拉克勒斯夺取亚马逊女王希波吕忒的漂亮腰带献给他的女儿。亚马逊人居于小亚细亚，族人皆是女战士，好武尚战。赫拉克勒斯打败了亚马逊人，杀死希波吕忒，拿着腰带返回。这则故事被认为是宣告希腊的父权社会凌驾于异域的母权社会的象征。

革律翁的牛群

为了抓来革律翁——长着三个身体的牧人的红色牛群，赫拉克勒斯乘船越过已知世界去往海中的一个岛屿，岛屿的陆地被一条河流环绕。他撬开两座山，立起海格力斯之柱（直布罗陀海峡），开辟出一条通往河流的渠道，然后杀死了革律翁得到牛群。赫拉克勒斯乘坐的船名叫赫利俄斯（太阳神）之杯，故事从头至尾都充满了与太阳有关的隐喻。

赫斯珀里得斯的金苹果

赫拉克勒斯再次西行，穿过海格力斯之柱，目标是带回赫斯珀里得斯（阿特拉斯山的仙女）照看的一棵树上结出的金苹果。为了获得这种永生的果实，赫拉克勒斯必须先斩杀巨龙拉冬。赫拉克勒斯在路上遇到了背负青天的阿特拉斯。也许，正是对站在苹果树旁的赫拉克勒斯的描绘，促使人们后来将伊甸园里的那棵树也描写成了苹果树。

下冥界

赫拉克勒斯必须活捉守卫冥界大门的三头犬刻耳柏洛斯。赫拉克勒斯使用蛮力拽走了“地狱之犬”，显示了克服死亡恐惧的可能性，但死亡本身是不可摧毁的。

时间尽头

各个文化对时间尽头有不同的设想，但是，对多数文化而言，终极的灾难也意味着清洗和重生，新的世界从旧世界的母体中诞生，有时只有少数几个有德行的人或者神的选民能幸存下来。这就是北欧神话中诸神在黄昏时发生的情况，同时也是基督教预见的新耶路撒冷的景象。在中美洲和印度的宇宙观中，世界末日是宇宙创造、毁灭、再造的无限循环中的一环。

对于最后的审判日，犹太教、基督教和伊斯兰教传统都有提及，在那一天，有罪的人将和有德行的人分离开来。犹太教期待弥赛亚将他们从现世的迫害中解救出来并建立神的统治，这一思想作为基石奠定了基督教笃信耶稣将会第二次降临迎来历史终结的信仰。犹太教和基督教的经文都生动地预示了末日降临的迹象，地震、大火、洪水都预告一场即将到来的善恶势力之间的终极较量，一如《启示录》中描写的哈米吉多顿之役。

下地狱

《尼哥德摩伪经》（约公元 4 世纪）讲述了耶稣在他死后和复活之前下至地狱的经历。他破开冥界的大门，释放了众多他出生时代之前的圣人，如亚当、夏娃以及诸位先知。此举预告了最后的审判，届时所有被赐福的亡灵都将复活。

代祷者玛利亚

在罗马天主教的信仰中，圣母玛利亚的肉身和灵魂在死后第三天就升入天堂。她在天堂扮演帮助信徒和基督沟通的代祷者。信徒将圣母玛利亚当作代祷者崇拜，这在中世纪格外盛行，当时大量基督教徒的心被最后审判的恐惧攫住。信徒们笃信，要不想下地狱，一个方法就是通过万福玛利亚（圣母颂）这样固定的祷词祈祷获得圣母玛利亚的庇护。他们坚信玛利亚会把这样的祷告转达给基督，再由基督传达给上帝。

劫

根据印度教的宇宙观，地球的全部寿命只相当于梵天的一个日夜（一个“劫”），而梵天排在古老的三位一体或三相神（梵天、毗湿奴、湿婆）的首位。在护持神毗湿奴的监管下，世界在梵天的白昼正常运转，但是在毁灭神湿婆的眼皮底下，世界在梵天的黑夜持续衰颓，并将在骤降的破灭大火中走向终结，创世神梵天在新的劫到来的黎明又使世界重获新生。某些学者将一个劫的时间计算为 864 万年。

最后的审判

《圣经》包括各种对时间尽头的灾难性的预见，比如，以西结和但以理看到的异象。《启示录》（也叫《约翰启示录》或《约翰末世录》）是新约中唯一描绘末日的书卷。它大约成书于迫害基督教徒的罗马皇帝图密善（公元 81—96 年）在位期间，充斥着骇人的象征性意象。届时，羔羊耶稣将要开启世界历史的七印，降临世间的灾难会以四骑士的形象呈现。此外，七位天使还会将七只金碗里所盛的灾难倾倒到有罪的人类身上。一场善（以一位怀孕的妇人为代表）与恶（以一只七头龙或撒旦为代表）之间的大战即将拉开序幕。此外，还会出现一只有数字 666 标记的巨兽，象征基督之敌。善的势力将在哈米吉多顿迎战，而影射罗马的“巴比伦淫妇”则终将覆灭。圣徒将统治 1000 年，之后撒旦会短暂地卷土重来。最后，亡者都将接受最后的审判，依据生命册的记载受审判，而新天、新地将为有义的人敞开，新耶路撒冷也将降临人间。

撒旦

根据《约伯记》的记载，撒旦（“指控者”）本是上帝座前的侍从，给约伯施加痛苦以考验他的信仰。但是撒旦后来就不被视作神的代理，而被看作神的仇敌，是魔鬼、世间万恶之源，是人类的引诱者，也是被驱逐出天堂的叛逆天使的首领。撒旦统领恶魔集团，在基督教信仰中，这个集团被圣米迦勒领导的天使军团击败。

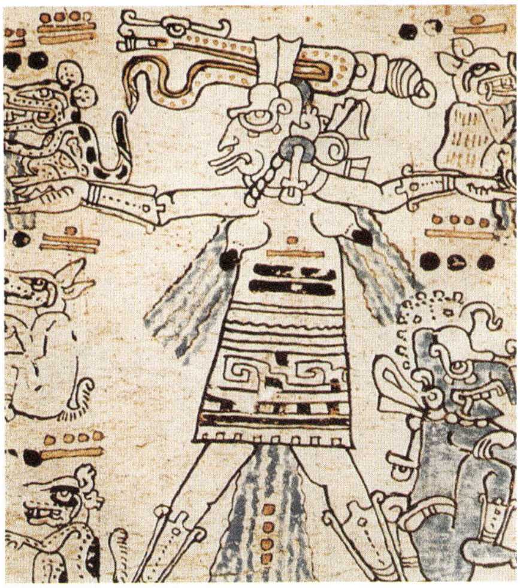

玛雅人的预言

玛雅人的历法以其复杂性和天文计算的精确性闻名于世，它预言目前的时代会于 2012 年 12 月 22 日走向终结。这一信念基于冬至的子午线与银河的中心相接的天文事件，据说该事件揭示地球磁场会发生变化，获得新纪元运动某些追随者的追捧。银河里的“一条黑色裂缝”代表了玛雅人通往冥界的道路，也象征新世纪诞生的通道。

阿兹特克的五个太阳纪

阿兹特克人相信，分别代表四分之一宇宙的四位神祇之间的冲突将导致五个太阳纪（宇宙纪元）在灾难中走向终结。第一太阳纪毁于美洲虎，第二太阳纪毁于飓风，第三太阳纪毁于大火，第四太阳纪毁于洪水。而第五太阳纪（即我们现在所处的纪元）则注定将毁于地震。

帕哈那

某些霍皮人相信，欧洲人的到来开启了世界末日的倒计时，因为盘踞的铁蛇（铁路）和硕大的蜘蛛网（电报线）侵吞了整个大陆。但是，在毁灭肆虐之际，帕哈那（“真正的白人”）将会在新世纪的前夕带来智慧，让净化之日降临。

诸神的黄昏

北欧神话所预见的终结的灾难是“诸神的黄昏”，所有的神明、人类以及旧世界都将在一场大动乱中灭绝。随后，新的世界将会诞生。

拉斯特法里

对拉斯特法里教教徒而言，末日始于拉斯特法里（海尔·塞拉西，上帝的化身）1930 年，加冕为埃塞俄比亚皇帝之日。他与以色列“遗失的孩子”（非洲奴隶的后代）将于审判日重聚在非洲的锡安山上。

萨奥斯亚特

在琐罗亚斯德教的末世神话中，地球将被熔化的金属淹没，生者与逝者都将在熔流中洗清罪孽。救世主萨奥斯亚特将带领所有人升入至高神阿胡拉·马兹达的国度。

出品人：许　永
出版统筹：海　云
责任编辑：许宗华
特邀编辑：王颖越
曾　铮
装帧设计：海　云
内文排版：石　英
印装总监：蒋　波
发行总监：田峰峥

投稿信箱：cmsdbj@163.com
发　　行：北京创美汇品图书有限公司
发行热线：010-59799930